名著復刻

話せない子・話さない子の指導

野口 芳宏 著

明治図書

本書は、一九九四年に刊行された『話せない子・話さない子の指導　増補版』を復刻刊行したものです。記述内容については、刊行当時のままとなっております。また、原本から直接製版しているため、一部に文字のつぶれや汚れが見られますことをお含みおきください。

復刻版のまえがき

学校の教師が最も多く子供に繰り返している言葉は何だと思いますか。古今東西を問わず、きっと共通していることでしょう。それは、「静かにしなさい」「話を止めなさい」という言葉です。先生も、きっと思い当たることでしょう。それほど子供達はおしゃべりが大好きで、得意です。話し方や話すことに困っている子なんかいないと言ってもよいでしょう。「話せない子・話さない子」なんて、一人もいないようにも思えます。

しかし、このような話し方は「自由気ままなおしゃべり、雑談」であって、必ずしも正しく、適切な話し方とは言えません。それぞれが、「話したいように話している」に過ぎません。相手にきちんと伝わっているかとか、この話し方でよいだろうか、というような話し方ではありません。それは、無意識、無自覚、無関心な話し方であり、自分中心、自分本位の気楽な話し方です。相手や、聞き手に対する聞きやすさや分かりやすさなどはほとんど眼中にありません。このような話し方を、私は「私的話法」と名付けています。日常の生活話法はほとんどが私的話法です。

望ましい話し方というのは、聞き手が聞きやすく、分かりやすく、楽しくなるような条件を備えたものです。相手本意、相手中心、聴衆尊重の話し方です。それは一般的には「常より大きく、常よりゆっくり、常よりはっきり」した話し方です。私はこれを「公的話法」と呼んでいます。

話し手である自分は、相手のために多少の努力や無理をすることになりますから、公的話法は「常」に比べれば多少不自然になります。私はこれを、「価値ある無理」「価値ある不自然」と呼んで奨励しています。

国語教育が目指す話し方は、まさにそのような話し方なのです。このような話し方の心構えや技術を全ての子供達に習得、体得させることができたとすれば、子供達の日常会話はどんなに豊かなものになることでしょう。

話し言葉は、あまりにも便利で重宝なので、ついつい無意識、無自覚、無関心のままで使われがちです。また、そのような話し方でも、その場の雰囲気や表情に助けられてほとんど不自由なく伝わってしまうのです。かくして、指導する立場の人もまた、子供の話し方に格別の注意を払わなくなりがちです。

その結果、きちんとした話し方、適切な説明、効果的な伝達などを不得手とする「話せない子」や「話さない子」が生まれてくるのです。「話せない子・話さない子」は、子供の話し方に対する教師の無意識、無自覚、無関心が生み出した結果である、とも申せましょう。むろんのこと、教師だけの責任と言うつもりはありません。家庭における言語生活のあり方にも一因があるでしょう。しかし、学校教育は、家庭生活や社会生活の中だけでは養えない様々な力をつけていく教育の専門機関です。そのことに気づけば、私達教師の話し言葉に対する無意識、無自覚、無関心は許されることではありません。私達教師が、時々刻々目前に生起する子供の様々な言語活動に対して、意識的、自覚的な観察をし、常時善導を心がけるならば、「話せない子・話さない子」を救うことは十分に可能なのです。

そして、そのように努めることは、単にそのような子供を救うだけではなく、お互いのコミュニケーションをスムーズに導き、授業を楽しく明るく効率的なものに高め、学級づくりの上でも大きな力を発揮してくれることになるのです。ただし、話し方というものは、ちょっと油断をすると元の状態に逆戻りしがちです。ちょっと手をゆるめると、せっかく築いた良い話し方も、あっと言う間に崩れてしまいます。根気強く、いつでも、どこでも教師の「聞き耳アンテナ」を磨いておかないといけません。

本書は、二百ページあまりの大冊です。手っ取り早く読めてすぐに使い物になるというようなお手軽な本ではありません。また、そうであるからこそ三六年間にも亘って色褪せることなく読み継がれ、『名著復刻』の栄に浴せたのだとも申せましょう。およそ「一気読み」などできる代物ではありません。少しずつじっくりとお付き合いください。そうすれば、必ずや「話せない子・話さない子」の苦しみや淋しさを軽減させ、人間本来の持つ話す楽しみ、話す喜びを持たせることができるに違いありません。

本書の原著は、昭和五六年（一九八一年）三月、私が四五歳の折に「小学校国語科授業技術全書」の一冊として、当時名編集長として知られた江部満氏から下命されて世に出たものです。明治図書出版は、名実ともに日本一の教育図書専門出版社です。その明治図書出版から、初めて私に単著出版の機会を与えてくださったのが江部編集長でした。今も同社の看板月刊雑誌である『教育科学　国語教育』は、江部さんが二九歳の折に創刊されたものです。当時の明治図書は単校本専門の出版社で雑誌は持っていませんでした。江部さんは「雑誌を出さなければ会社を辞める」と言って社長に迫り、社長が不承不承許したということです。

その江部さんから私に話があった書名は『話せない子・話さない子の指導法』でした。しかし、不遜にも私はこの書名に異議を唱えました。「法」の一字を削ってください、『話せない子・話さない子の指導』として欲しい、と頼んだのです。「何を生意気な！　そんなら頼まない!!」と一喝されて当然でしたが、江部編集長は「なるほど、分かった」と言ってくださったのです。「法」の一字があると単なる技術論、ハウツーものと勘違いされかねないという私の思いを、江部大編集長が受け入れてくださったのです。こうして私の原著が世に出ることになりました。

本書は幸いにして広く読まれて一四版を重ねました。私の本はベストセラーになったことはありませんが、幸いにして大方がロングセラーになっています。「流行を追わず、不易を求める」「常に根本、本質、原点に立脚する」「本音、実感、我がハートに忠実」「必ず実践を潜らせて理論を導く」という私の執筆方針が、多くの方から支持された結果であろうと私は考えています。

「話せない子・話さない子」は、どのクラスにも、どんな団体にも一、二割は存在するのではないでしょうか。このような子供を、どのようにとらえ、どのように理解するのが、教育としては妥当なのでしょうか。むろん、いろいろの考え方がありますが常に「根本、本質、原点」に立脚して考えていくことが肝要です。

当節のあり方としては、そういう弱い子供の立場に立って、無理をせず、あせらず、優しく、温かく、という受容的、共感的理解の下に指導に当たるべきだということになるでしょう。仮にこれを「個性尊重」の立場と呼んでおきましょう。このような接し方、話し方に反対するのはなかなか困難な風潮にあります。

しかし、私は少し違った立場にあります。教育という営みは、結局のところ「そのままにしておかない」ということだと、老境に入って強く思うようになりました。「話せない」「話さない」というのは一つの現象、一つの状態です。その現象や状態を生み出している要因、根拠、心理、感情というものは、大方が「自分本位」であると思うのです。「恥ずかしい」「うまく話せない」「笑われたくない」「目立ちたくない」などなどの思いがあるでしょう。そこに、共感的、同情的にかかわるのが「個性尊重」の立場です。

教育は「そのままにはしておかないこと」「常によりよくその子を変えていく営み」という立場に立つと、教育の姿勢は少し違ってきます。「話してみよ」「このように言ってみよ」「先生の真似をせよ」というやや強い姿勢になります。そして、そのような半ば強制による善意の働きかけによって「やったらできた」「自分にもできるのだ」という思いがけない自己発見や自信が生まれることがあります。簡単に言ってしまえば、「攻め」の教育、「硬派の教育論」です。当節、このような教育の仕方は「押しつけだ」「強制だ」「子供の立場を無視している」「横暴だ」などと指摘され、時には指弾さえもされかねない風潮にあります。

しかし、教育というものは、目先の優しさや、甘やかしよりも、先を見据えた「自立への導き」こそが本来のあり方ではないでしょうか。戦後の、一見優しく温かく見える「子供中心主義」「個性尊重主義」「多様性への寛容」というような教育思潮が、結果的に子供を思いがけない不幸に追いやっていることはないでしょうか。私には、現代の日本の子供は、どうも昔の子供に比べて身も心もひよわになっていささか不幸に見えてなりません。

「話せない子・話さない子」を「話せる子・話す子」に成長させていく、本物の教育論、指導論にどうぞ先生も向き合ってみてください。本書による著者との心の対話を期待致します。

平成二九年五月　若葉薫る観音堂にて

野口芳宏記す

まえがき

話せない子、話さない子というのは、どの教室にも必ず何人かはいるのではないでしょうか。そして、どなたも、そういう子どもたちを少しでも自由に、明るく伸び伸びと話せるような子どもにしてやりたいと考えていることでしょう。しかし、その本当の解決のための指導は決してやさしいことではありません。この本は、話せない子ども、話さない子どもを、話せる子、話す子に育てていくための指導のあり方や方法を簡明に述べたものです。

この本の書名を「話せない子、話さない子の指導法」とせずに、「話せない子、話さない子の指導」ということにしたのには、それなりの理由があります。

指導法というのは、指導の仕方、技術という意味です。教師が、指導の仕方や技術を身につけること自体はたいへん大切なことに違いありません。しかし、もともと技術や方法というものは、目的によって変わってくるものです。目的自体が変われば、それに合わせて方法も技術も変わらざるを得ません。つまり、技術や方法というものは、所詮は目的、目標に従属するものに過ぎないのです。ですから、目的や目標を確かにとらえる努力をせずに、単に方法や技術だけを身につけたところで本物の教育にはならないわけです。

話せない子、話さない子をどのように指導していくかという行動を起こすその前に、まず私たちは、その子どもたちを正しく確かに理解することに力を注ぐべきではないでしょうか。そして、話すということが人間の生活にとってどんな意味を持ち、話せるようになることが、社会生活を進めていくうえにどれほど重要な意味を持つのかという、深く確かな認識を持つことが大切なのではないでしょうか。

このような考えから、本書は、表面的な指導法や小手先のテクニックだけを述べるいわゆるハウ・ツーものとならないように心がけながら、しかも実践的な述べ方をと心がけました。そうすることは、一見迂遠の策のように見えて、実は最も確かな教育の王道であり、かつ近道であると私が信じているからです。

さらに言わせてもらうならば、このごろの教育現場が、とかく本質や根本を問うことを忘れて、いつでも、どこでも、だれでもやれるような安易で手っとり早い、皮相な「指導法」「教え方」ばかりを求めているように思えてならないからです。このようなことでは、とうてい根本的な解決は望めません。やはり私たちは、面倒でも教育の原点に立ちかえりながら日々の指導を推し進めていかなければならないと思うのです。

この本の書名には、右のような考えがこめられているのでありますが、浅学の故に十分に意を尽くし得ませんでした。本書についてお気づきの点など、今後のためにどうぞご教示ください。小著が、読者の方々の教育実践にわずかなりともお役に立つことができれば、幸いこれに過ぎるものはありません。

なお、小著が刊行されるにつき、明治図書の編集部長江部満氏に格別のお世話様になりました。心から御礼を申し上げます。

鹿野山麓の茅屋にて　野口　芳宏

もくじ

第五章　教室指導の実際

第六章 タイプ別話し方指導法

第一章　話すことと日常生活

一　話すことの楽しさ

「宏子さん。六時になりましたよ。さあ、起きなさい」

どの家庭でも、ほぼこんな調子で子どもの朝が始まるであろう。

「お母さん、お早う。元気?」

「はい、お早うございます」

「はい。元気です。ありがとう」

挨拶が交わされ、問答が交わされ、楽しい一日がスタートする。言葉を発し合ってお互いの心をつなぎ、愛情を確かめ合う。

「いただきまーす」

「どうぞ」

「ごちそうさまでした」

「はい、ごゆっくり」

さりげない言葉の中に、感謝が表され、ねぎらいが生まれる。

子どもにとって、学校は家庭とはまた別の楽園である。仲良しがいっぱいいる、遊び道具がいっぱいある。

「お早う」

「おす」

「野球やろうぜ」

「オッケー」

ここでは、家庭とは違った言葉が気軽に交わされる。気心知れた仲間同士だ。

ファインプレーをほめ合い、ピンチを切りぬけてはとび上がって喜ぶ。一挙一動に、かん高い子どもたちの言葉がとび交う。笑い声があがる。よしんば、そこに叱責や非難の言葉が浴びせられたにせよ、それもまた一興、喜怒哀楽を逞しく呑みこんで、子どもの世界は子どもの言葉で彩られる。子どもはさまざまな言葉を浴びて成長する。

授業は、子どもにとって本来は大きな魅力のひとつである。わからないことが、話し合いの中でわかったとき、できなかったものが先生のおかげでできるようになったとき、つまらないと思っていたものの面白みが、自分の努力で発見されたとき、子どもはたいへんに喜ぶ。知的好奇心が満たされる喜び、自分の成長を自分で知ることの喜び、それらは何にもまさる満足である。

授業の中で、子どもは望ましい変容を遂げていく。それらの変容は、ことごとく思考の所産である。言うまでもなく思考は言語によってなされる。言葉で考えることによってよりよい思考が形成される。

楽しい授業には、楽しい話し合いがつきものである。充実した授業は充実した思考から生まれ、充実した思考は充実した言葉から生まれる。充実した言葉が交わされる授業ほど子どもを真の意味で満足させるものはない。

教師が子どもと接する一日で、最も多く口にする言葉は、「静かにしなさい」という一語である。「口を結びなさい」という場合もある。子どものお喋りを制止するのが目的である。なぜ、この言葉が毎日のように、毎度毎度繰り返されるのだろうか。

それは自明である。子どもたちが、それほどによく喋るからである。授業中でさえ、ちょっと隙を作れば、そのわずかの隙間を子どもたちはお喋りで埋めようとする。いわんや、授業でない場合はなおさらである。全校集会でも掃除中でも廊下を歩くときでも、その善悪は別として、子どもたちはすぐ話し始める。

なぜそんなに話すのか。それもまた明白である。話すことは楽しいからである。これほど身近で気軽な楽しみはない。子どもはだれもかれもみんな、本来は話が好きであり、お喋りが大好きなのである。

話すことが好きなのは子どもばかりではない。昔から「女三人寄れば姦しい」と諺にも言われている。井戸端会議という言葉も、女の人の話し好き、お喋り好きを表す古典的な言葉として興味深い。

ＰＴＡなどでは、

「何か質問なり、ご意見なりありませんか」

と聞いてもほとんど質問も意見も出されない。ところが、

「では、これで解散といたします」

と言ったとたん、堰を切ったように、お喋りが始まるのは、どこでも同じであろう。公的な席で発表するのはだれだって気が重い。発言にはそれなりの責任が伴い、さまざまの批判も受けることになるからである。

解散後のお喋りには責任がない。緊張から解かれた安堵と解放感の喜びを、まずお喋りという形で表現するのであ

る。こういう心理状態は、何も女性に限られることではない。会社の帰りに居酒屋に立ち寄る男性の姿は、ちょうどＰＴＡ解散後の女性の姿と同じである。

話を好むのは老人もまた同じである。昔話を語ってくれるのは伝統的に祖父母であった。実の子どもは今や働き盛り世盛りでゆっくりと話している暇も隙もない。老残の身は一入に人恋しいのである。対話を求める心、ふれあいを求める心が人を恋うのである。

ある老医師が語ってくれた言葉を私は忘れることができない。

「若いときには、話したい人のところへ出かけて行けた。そして存分にお喋りができた。話したい気持ちは募るばかりなのに足腰が言うことをきかぬ。老人への最大のプレゼントは、向うから近づいてきて話してくれることだ。『友あり遠方より来たる。また楽しからずや』という言葉の、本当の意味は老いた身でなくてはわからない」

老人が孫に炉辺で語って聞かせた昔話は、あるいはひとつの対話ではなかったのか。衰えゆくもの、亡びゆく者が、伸びゆく子、育ちゆく者との連帯を求めて交わした言葉ではなかったのか。

「孫は子よりもかわいい」と言う。それは、語り合えるきずなの強さがなさしめる思いではなかったか。昔話を孫に語ってやることによって必然的に生まれる対話、言葉の交わし合い、そこで味わう連帯と安堵と所属感、それこそが「孫は子よりもかわいい」ということの真の意味ではなかろうか。

近年工業化社会の進展に伴って核家族が増え、ひとりぐらしや老夫婦だけの生活を余儀なくされている老人が多い。語って聞かせる孫を奪われた生活、それは、ある意味では言葉を奪われた生活にも等しい。言葉を奪われた生活が、人間にとってどんなに味気なく淋しいものであるか、想像に余りあるものがある。発展した文化社会の一隅にある小さな荒廃の風景である。

二　話すことの意味

子どもも大人も、男も女も、老いも若きも何故にこうも「話す」のだろうか。どうしてそんなに話したいのだろうか。話すことによって何が満たされるというのだろうか。

朝、母親に黙って起こされた子どもがあるとしよう。ふとんをはがれ、肩をゆすぶられて子どもは目をさます。子どもは黙って起き、顔を洗い、黙って食事をとり黙って学校に行く。母親も一語も発しない。子どもが学校につく。だれも挨拶をしない。たくさんの子どもが遊んでいるが一語も発しない。ヒットが出ようがエラーが出ようが、黙々として野球だけが続けられている。ランナーは次々に出るが全て無言である。

むろんこれは架空のことではあるが、騒々しい日常に慣れた者にとってはたいへん無気味に映る。こんな世界ではやりきれない。このやりきれなさの正体は、一体何であろうか。それを考えてみることが、話すことの意味を探ることになるのではないか。

母親に起こされた子どもが「はい」と返事をして起きる。「お母さん、お早うございます」と声をかける。これらの言語を発することによって、子どもはその言葉を発した主体者となる。言葉を発するという行為が、行為者としての自分の存在感を自覚させてくれるのである。

何も語らず黙って行動しても、そこには行為の主体者がむろん存在するわけであるが、その存在感は頼りなく稀薄である。生き生きと、生気を漲らして生きている者は、力のこもった言葉を発し、自分の存在感を確認しつつ行動する。

この世に生まれ出たとたんに上げる新生児の渾身の産声は、母を求める声でもなければ、空腹の訴えでもない。それは、一個の人間としての自己の存在感の根源的な確認行為だとは言えないだろうか。

言葉を発すること、話をすることの第一の意味は、己れの存在感、実在感の確認にあるのである。

挨拶にせよ、返事にせよ、会話にせよ、いずれもそれらは相手があって初めて成立する言語行為である。新生児の産声は、やがて空腹を訴え、不快を知らせて助力を求める機能を生じてくる。相手を求める信号となってくる。

人間は孤立しては暮らせない社会的存在であると言われる。社会的存在とは、他の人々との連帯の中で初めて生活が可能だということである。話をするということは、したがって連帯を求める行為でもある。

先に全く言葉を取り去った子どもの朝の生活のスケッチを示した。言葉を取り去った子どもの動きは、シルエットよりも一層さみしく、力なく、あたかもネガフィルムを見るような思いがする。

そこに言葉を復活させてみよう。たちまちにして子どもたちの動きは生き生きとしてくる。ばらばらだった子どもたちが言葉をかけ合うことによって緊密な連帯を回復する。九人がたちまちひとつのチームとしてのまとまりを見せ、敵味方が鮮明になり、勝負の緊張が生まれる。

人は何故に話すのか。話し合うのか。それは、社会的存在としての人間が根源的な連帯を求めるからである。話し合うことは、連帯を求め、連帯を確認しようとする行為だと言うことができるのである。

人は生まれた以上この世の中この社会を生きぬいていかなければならない。生きていこうという本然的な欲求が人にはある。そのために、動き、食べ、眠り、耳をそば立て、目を見開く。

わからないことを問い、欲しいものを求め、障害を除去しようとする。そういう行為を続ける中で、より強く、より堅く、より高く成長していく。このような根源的な成長欲求が言葉を発しさせるのである。

話したり、聞いたりすることは、生きる人間の必然的な成長欲求の表れである。広い意味での成長欲求を持っていない人間はいない。盛んに話し、聞き、話し合うのは、生きようとする人間のだれにも備わった欲求行動なのである。人はなぜこうも話し好きなのか。話すことによって何が満たされるというのか。この問いに対して、私は三つのことをあげた。すなわち、話すことは、自分の存在感を確認することであり、それは同時に、社会的存在としての人間の連帯欲求と、成長欲求とを満たす行為なのであると。

しかも、ここにあげた三つのことは、人間が社会生活をしていく上に欠くことのできない必然の欲求なのであるとも述べておいた。

そうであるならば、普通の人間にとって、何らかの理由でスムーズな話し合いが歪められるということは重大である。それは、単に話さないとか話し合わないとかという言葉のレベルだけの問題ではなくなってくる。つまり、社会的存在としての人間の必然的欲求が充足されないままに歪められてしまうということにもなってくるのである。

あたたかい会話を欠いた家庭から非行が生まれ、発言を封じられた少年が腹いせにいじめをする。ほとんど口をきかない少女が、ある小さな事件をきっかけに自らの幼い生命を絶つなどという悲惨なできごとが生じる。

これらの事件が「言語生活のあり方」ということと決して無関係ではないことにわれわれはもっと注意を払う必要があろう。「話さない子・話せない子の指導」の問題は、人間性の回復という意味からもきわめて重要な問題である。

三　話すことの働き

私たちの日常生活は言葉によって成り立っているということができる。起きてから眠るまで、生まれてから死ぬまで、言葉は常に私たちの身の回りに存在する。

言葉を習得するということは人間にしかできない。人間は言葉を用いることによって初めて人間となりうる。ドイツの言語学者フンボルトは「人間は、ただ言語によってのみ人間である」という有名な言葉を残しているそうである。言葉と人間との深いかかわりを示す味わい深い名言である。

しかし、改めて人間社会における言葉の働きはと考えると、その答えはそう簡単には生まれてこない。一体社会生活における言語の機能とはどのようなものなのであろうか。この問題を考えることは、とりもなおさず言語というものの本質を探ることにもなる筈だ。

およそ、物を考えていくうえに大切なのは本質的、根本的な問題追求の態度である。その態度を忘れて、技術論や方法論ばかりに目を向けることは、結局何物の解決にもなりはしない。「話せない子・話さない子の指導」を考える基礎作業として、まず「言語の機能」を解明し、社会生活における言語の本質的な役割を明らかにしていくことにしよう。

言語の機能をどう見るかについてはさまざまな学説や考察があり、厳密に考えると非常にむずかしい問題に立ち至る。そこで、ここではあくまでも「子どもの指導に当たる」という我々教師の当面する課題を頭におき、ほぼ次のように機能をおさえておくことにしたい。

1　認識機能

「水」という言葉は、水という実体につけられた記号である。水という実体は太古の昔から存在していたが、それが人間によって正しく認識されたのは、水という言語記号が成立してからである。認識とは、そのものの形状、性質などを言語概念として把握することである。
沸き過ぎた風呂の湯に手を入れると反射的に手を引っ込めるが、この反射行為そのものは認識ではない。その後で「熱い！」と叫んだとき初めて「認識」が成立する。つまり、われわれは、言葉で物事を知るのであり、言葉がなければ物事を理解し、とらえることはできない。その意味で、言葉を身につけるということは、認識手段を身につけるということである。

言葉によって認識が成立するということは重要である。行ったこともない外国の話を聞いたり、あるいは書物を読んだりすることによって、われわれはある程度外国の様子を知ることができる。そこに提供される情報、すなわち言語が詳細であればあるほど、それだけ詳細に外国の様子を知ることができる。事柄によっては行ってみなくても十分に目的が達せられることもある。生きたことのない遠い過去のできごとを知るのも言語によって可能である。

このように、われわれが、実際にその場に行かなくてもその場のことをある程度知り得るのは言語の働きによるからである。直接の体験をしなくても言語によって代理経験、間接体験が可能だからである。これらは、すべて言語の持つ認識の機能に依存して成立することがらである。

子どもに読書が盛んに奨励されるのは、言語の認識機能に着目するからである。多くの書物を読む子どもはそれだけ語彙も豊富になり、情報を多く身につけることになる。言葉や情報を多く身につけるのは、認識を豊かにすることでもあり、それだけ多く、かつ強固に思考の武器を身につけることにもなる。

授業の中に話し合いが多くとり入れられるのは言葉の認識機能への着目の表れである。実験にせよ見学にせよ、どの子どもの前にも同一の事象、現実が繰り広げられる。しかし、それらから何をつかみ得たかを発言させ、その当否を吟味させることを忘れてはならない。この吟味や検討の中で、複雑な事象が言語化されていくからである。言語化されるということは、単なる体験や観察がそのままでは終わらずに、認識という次元にまで高められることになるからである。

単に、見たりさわったり、痛みを感じたりするだけならばそれは動物にも可能である。それらの次元から認識のレベルにまで高め得るのは人間だけに与えられた能力であり、それは言語の使用によってのみ初めて可能となる。

2 思考機能

認識したことがらを組み立ててわれわれは物事を考えていく。あれは捨ててこれを取ろう。あれとこれを組み合わせて別のものを作ろう。このような考え方、いわゆる思考は、すべて言語によってなされる。

低次元の推理や判断は動物にもあると言われるが、高次の思考は言葉をもつ人間だけに可能なことである。人間の築いてきた文化はすべて言語の操作によって生まれたものである。

筋道立てた論理的な思考は言語の力を借りなくては成立しない。われわれは、さまざまな経験や体験をしているが、それらは単に事実としてあるにすぎない。それらの経験や体験を秩序づけ、整理し、構造づけるのは言語による思考を経て初めて可能となる。

子どもに、言語による表現訓練をすることが重要だとされるのはこの機能への着目がなされているからである。

読後の感想というものは、おおむねは感情的で漠然模糊としたものであるが、それをみんなの前で発表するということになれば、必ずそこにある秩序づけがなされてくる。話そうとすることがらをメモしたり、それらの配列を考えたりして、漠然とした印象をより高い次元に練り上げていく。これが言語による思考である。

感想を文章に表すとなればなおさらこの問題はむずかしくなる。音声による表現は言葉の調子や表情の助けを借りて文章よりもスムーズに伝達されやすい。文章は単なる文字の連続であり、音声言語に比べてはるかに無表情である。それだけに、その表現には一層の工夫が必要になってくる。

国語科教育の中で作文指導が重要だと叫ばれるのはこの理由による。作文を課することによって、論理的思考力を極めて有効に養成し得るからである。

3　伝達機能

人は意志や感情を持っており、それらを他の人に伝達しなければならない場合がしばしばある。突然腹痛に襲われたならば、まず身近な人にその苦しみを訴えなければならない。訴えられた人は状態に応じて医師を呼ばなければならない。このときに、用件の伝達をするのが言葉である。

言葉は、意志の伝達をするだけではない。伝達された結果の反応を受けとめ、さらに必要な依頼や懇願をしなければならない。このようにして、相手と意志を通じ合うことがコミュニケーションであり「通じ合い」と言われるものである。

日常の言語のやりとりは、そのほとんどが人と人との通じ合いのために行われている。子どもと子どもの会話、親子の対話、授業における情報の交換など広い立場から見ればそれらの全ては言語の伝達機能に基づく活動である。

伝達機能において最も重要な問題は「正確」ということである、伝達しようと意図した内容が相手に正確に伝達されることが重要である。

ところが、正確な伝達ということは意外にむずかしい。文書による伝達はその正確さという点ではほとんど問題がないが、文書を作成するというめんどうな作業が必要になる。

最も安易な伝達手段は伝言であるが、これは伝言ゲームというゲームが楽しまれるほどに伝達内容が歪曲されやすい。聞いたとおりに次の人に情報を送るということはそれほどむずかしいのである。日常生活では、この点の不備を補う手段としてメモをしながら聞きとるということが行われている。

「話せない子ども、話さない子ども」は、要するに集団の中で積極的な言語訓練に挑まない傾向を持った一群である。「話そうとしない、話せない」という消極的な態度は、その子どもをそれだけ言語訓練から遠ざけ、伝達能力を磨かせないことになる。その結果、低い伝達能力を恥じつつ、努めて集団の言語活動から身を引くことになる、という悪循環を生じてくる。

このような悪循環を生じさせないようにするためには、つとめて気軽に話し合いに参加できるように、細心の配慮をしてやる必要があるが、これについては後に詳しく触れる。

4 社交機能

人は、必ずしも伝達の目的でのみ話すわけではない。同様に、認識のためにのみ、あるいは思考のためにのみ話すわけではない。これらのいずれの目的でもなく話す場合がたくさんある。言うなれば楽しみのためにも人は話すのである。

特定の目的を持たないお喋りを長々と続けるのは、そのお喋りが楽しいからである。井戸端会議は長々と続く。別に会議の議題があるわけではない。楽しいから長びくのである。楽しいから去り難いのである。

子どもたちがすぐにお喋りをするのは、特定の目的を持った思考や伝達を果たそうとするわけではない。好き勝手なことを出まかせに喋っては社交を楽しむのである。それはひとつのレクリエーションであり娯楽である。

お喋りという楽しみは、人間のいろいろの楽しみの中で最高のものだというのが筆者の持論である。話の合う、気心の通じた人との語らいほど楽しいものはない。

お喋りには、道具もいらない。場所も選ばず、性別も年齢も制限されない。いつでもどこでもだれでもできる。しかも、そのお喋りの中で結果的に多くのものを学んだり知ったりもできるのである。

むろん、質は問われなければならない。次元の低い他人の噂話や蔭口のようなものに終始するならば、それは精神衛生上もマイナスになるであろう。いかに社交、娯楽、楽しみとはいえ、そこには相応の健全さが保たれていなければならない。

「話せない子・話さない子」とはいっても、このお喋りの楽しみだけは享受している場合が多い。公的な場や集団の前では話さないだけである。彼らには、彼らなりに肝胆相照らす友だちが少数ながらあり、それらの間ではかなり活発に言葉の社交機能を発揮し合うのが常である。

彼らが、お喋りの楽しみだけは享受し得るのは、おそらく集団からの圧力から解放されるからであろう。ひっそりと閉ざされた世界でなら、だれ憚らず心の内なるものを表出できるからであろう。

問題は、それらの楽しみの享受が「閉ざされた世界」でのみ可能である点にある。もっと開かれた場で伸び伸びと楽しみの享受がなされなければならないが、これについては後に詳しく触れることにしよう。

言語がなぜ娯楽機能を発揮するのかという点については、人間の孕む内なる欲求不満が喋ることによって解消されるからであると説明する立場がある。一種のカタルシスだというのである。喋ることによって心の浄化作用がもたらされるのだというわけである。

この考えに従えば、「話せない子・話さない子」というのは、このカタルシスが不十分であり、欲求不満がうっ積されているということになる。欲求が抑圧され続けることは精神衛生上大きな問題である。「話せない子・話さない子」をそのままに放置しておくことは、このようなことからも極めて望ましくないことであり、早速適切な教育的配慮がなされなければならないことになる。

5　調整機能

運動会などで「さあ、やるぞ」などと言って腕をぶるんぶるんと振り回したり、駆足をしたりする光景を見ることがある。電車の車掌さんは発進させるときに腕をまっすぐに伸ばして「発車！」と称呼する。いなかの駅の転轍装置のところには「指差称呼」と大書してある。

これらは、いずれも自分の行動を自分に命じている言葉である。人は、言葉によって自分自身に命令を下し、その命令どおりに行動を起こす。あるいは、「さて、どっちにするか」などと言いながら、仕事の順序や配列を検討したりする。

自分自身の行動を言語によって統御する機能を「言語の調整機能」と呼ぶ。言語によって自己を統御するのであるから、必ずしも独語である必要はない。他の人からある指令を受けて、そのとおりに自分が行動する場合も、調整機能が作用したわけである。他の人から指令されるということは、その指令の記号を自分が受けとめ、それを内なる自己へ下命するわけであるから、基本的には「さあ、やるぞ」と自分に言い聞かせる場合と変わらない。

言語の調整機能は、ほめ方や叱り方の場合にしばしば問題になる。「自分はだめな子どもだ」と思いこませてはいけないとか、「ぼくにはできるんだ」という自信を持たせなくてはいけないなどともよく言われる。

また、催眠療法などで暗示を用いる場合にはもっぱら言語の調整機能に依存することになる。自分を望ましい状態に向かいつつあると思いこませることによって、内にある不安や葛藤から脱出せしめるのである。これも、言葉によって、自己の内部に適切な自己統御を生じさせているわけである。

話せない子・話さない子と呼ばれる子どもたちは、この調整機能が消極的で後退的な方向に作用していることが多い。「話しが下手だ」「みんなに笑われるといけないから黙っていた方がよい」「何やかやとかかわりを持たれるよりはひとりでいる方が気楽でよい」というような方向で自己調整がなされていることが多いわけである。

言うまでもなく、この方向での自己統御は望ましいことではない。もっと前進的で積極的な方向へ自分を変えていくことが望ましい。そういう方向へ向いていくように教師は指導を進めるべきである。これについても後に章を改めて詳しく述べることにしよう。

四　話すことと生活

言葉の働き、話すことの機能を大きく五つの種類にとらえ、それぞれが大切な働きであることを前の節で述べた。「話せない子・話さない子」というのは、言葉が本来備えているこれらの機能を十分に活用しないで生活するということでもある。これはたいへんもったいない話であり、円滑な社会生活を送るうえに大きなマイナスである。社会生活上どういうマイナスになるのかを、ここでは考えてみることにしよう。

言葉は社会生活を営む人間にとって欠くことのできない文化である。言葉を用いて表現する行為は、一般的には相手を想定し、必要としている。その点で言語行為は社会的表現行為であると一応言うことができるであろう。

一応と言ったのは、言語行為の中には相手を想定しない場合もあることを含めたかったからである。しかし、ここではそういう厳密な区別は必要としていないので、まさに、言語行為は一応社会的表現行為と呼んでさしつかえないわけである。

言語行為を社会的表現とした場合、その社会的表現を一種の技術と見なすこともできる。そういう見方をすれば言語行為は一種の社会的技術の問題となる。

つまり、スムーズな社会的生活を営むためには、社会的技術としての言語行動のより望ましい獲得が必要になってくる。なぜなら、その獲得によって情緒的にも安定し、社会生活への適応もうまくいくようになるからである。

内向的で小心な者が、社会的技術を身につけなかったらどういうことになるだろうか。

まず、対人関係の円滑を欠き、いつも対人関係を円滑に進められない自己に不満を持つことになる。それを乗り越えて行く気概があれば申し分ないが、「自分はこれでいいんだ」と開き直ってしまう場合も考えられる。この場合は、自分の要求水準を下げることになり、自分自身を暗くみじめな位置に置くことになりやすい。

しかも、全くそれで満足するかというと、むしろ逆である場合が多い。つまり自分は本当はこうであってはならない、もっと社会的技術を高めなくてはいけないと考える一面があるのである。この状態では、言うなれば理想的自己と現実的自己との懸隔、つまりかけはなれが大きくなり、不安感が増大するということにもなる。これは情緒不安定につながり精神衛生上からも望ましいことではない。放置しておくべきではないことは自明である。

しかし、仮に内向的小心な者であっても、学習や訓練によって、社会的技術としての表現力を習得したとすれば、対人関係などもおそらく一変することになるであろう。

第一に対人関係がまず明るくなり、相手に不快感を与えることもなく、本人は大きな情緒的安定を得るであろう。これによって、本人は自分の要求水準をより高めるであろうし、自分自身を明るく希望のある存在として位置づけるようにもなるであろう。そうなれば、社会的適応もうまくいくので、いわゆる理想的自己と現実的自己とのかけはなれも小さくなり、明るい性格をとりもどすことにもなれるのである。それは精神衛生上からもまことに望ましい成長進歩であると言えよう。

このように、学習や訓練によって望ましい表現方法を習得することによって、性格の一つの側面が改善され、社会生活への適応が望ましくなることが期待できるわけである。

話せない子、話さない子という一群を、私たちは、そのままに放置しておくわけにはいかない。あたたかい教育的配慮によって、より望ましい社会的技術を彼らに習得させ、明るい未来を約束してやることが、教育者としての義務であり、責任でもある。また、このことについては、親という立場からも同様のことが言えるはずである。

第二章　話す力を育てる心構え

一　だれだって話せる

学校で、あるいは教室で、言葉数の少ない子は確かにいる。授業中の発言はほとんどしないという子もいる。必要なこと以外は口を噤んでいるという子もいる。これらが、ごく普通に言う「話せない子・話さない子」である。

しかし、本当に全く話せないのか、話さないのかというと、一般には決してそうではない。「どこかでは」、かなり自由に話しているものである。学校では黙っているが、家庭の中では普通に喋るという子はいくらでもいる。授業中は発言しないが休み時間にはびっくりするほど喋りまくる子もいる。また、仲良しとならいくらでもお喋りするという子もいる。

つまり、本来は「話せる」のだということである。厳密な意味で「話せない子」の指導はきわめてむずかしい。それは、指導というよりはむしろ「治療」と言うべきで、専門家の手に委ねなければならないであろう。普通口数が少なく発言もしない子は、話せないのではなく「話さない」子なのである。

話せる力があるのに、なぜ彼らは「話さない」のであろうか。それは、何らかの事情が障害になっているのである。

何かが、話す力に「ブレーキ」をかけているのである。だから、ブレーキを取り除きさえすれば、きっと話すようになるはずだ、とまず教師は考えるべきである。それは、話せない子・話さない子に対する楽観ではなく信頼である。

第一章で述べたように「話すことは楽しい」のである。どの子にとってもお喋りは楽しいはずである。それにブレーキをかけているものとは一体何だろうか。詳しくは次章で述べることにするが、それは恥ずかしいと思う気持ちだったり、うまく話せないという技術的な劣等感だったり、クラスの中の人間関係だったり、消極的な性格に基づく横着であったり、勉強の内容のむずかしさであったりする。

指導に当たっては、その子にブレーキをかけていることがらが何であるのかを見究めて対策を立てることが肝腎である。

子どもには「話したくない」ということは滅多にない。普通の子どもならみんな本当は「話したい」のである。だから、気楽に発言している子を見ると、どの子もほとんど「自分もあのように話せたらいい」「あんなふうに話したい」と思っている。自由に話せるようになることは、どの子どもにも共通の希望であり、憧れなのである。

中には「話したくない」という子もいる。しかし、理由を尋ねると「うまく話せないから」とか「恥ずかしいから」という答えが返ってくる。「うまく話せたらどうか」と聞けば、一様に「それなら話したい」と答える。みんな話したいのにブレーキをかけられたり、かけたりしてしまっているのである。

子どもたちが心の底では「話したい」と思っているという認識は重要である。彼らは決して「話すこと」をあきらめ、放棄しているのではない。放棄どころか、実は心の奥では話せるようになることを強く求めているのである。これに対して指導の手を下さぬことは罪と言わなければなるまい。

忘れられない思い出がある。教室ではほとんど口をきかない市原さんという女の子がいた。担任の私にさえほとんど話しかけてきたことはない。「あの子は無口なんだ」と、忙しさにとり紛れて私はひとり決めこんでしまっていたのだった。

ところが家庭訪問をして意外なことを言われた。家に帰ってくると学校のできごとを嬉しそうに次から次へと話すというのである。担任の言ったことやしたことはとりわけ詳しく報告があり、それを家族で聞くのが夕食のときの楽しみだというのである。そして、最後に「意気地のない子ですからなかなかほかのお友だちのようには話せないらしいのですが、それだけに、人一倍先生とは話したいらしいんですよ。ですから、ほんのちょっと先生と話したことが、とてもうれしいことらしいんですねえ」とつけ加えて話された。

そういうこととは露知らず「あの子は無口なんだ」と決めこんでいた私の恥ずかしさ、思いこみ、思い上がり、私はお母さんの一言で本当に目が覚めた思いだった。深く自分の不明を恥じたことだった。子どもは、だれもかれも本当は心からの対話を求めているのである。

家庭訪問の一件以来、私は子どもたちに進んで声をかけるように気を配った。とりわけ無口な子ども、無表情な子ども、それまであまり言葉が交わされなかったような子どもをマークした。

この試みは意外な功を奏してくれた。その子どもたちは、徐々にではあるが、明らかに担任に心を開いてきてくれた。名まえを呼んだときに顔の表情が明るくなるようになった。だんだん子どもたちの方から小さな報告や話題を持ってくるようになった。

授業中に指名しても、前のように黙りこくっているというようなことは少なくなった。簡単ながら答えを言い、わからない時には「わかりません」と答えるようになった。

この経験で、私はひとつの貴重な発見をした。それは、「子どもを変えよう」とするならば、教師の方からまず変わっていかなければならないということである。つまり「そちらから」直そうとするのでなく、まず「こちらから」直ること、変わること、努めることが大切である。

話せない・話さないというような状態は、おとなしく気の小さい子に多いのが普通であり、そのようなデリケートな面にふれる教育にはとりわけ右のような配慮が必要である。

二　健全な言語人格

いたずら盛りの子どもが、大汗をかいて汚したシャツを洗濯機の中へぽんと投げこむ。ある洗剤を入れて洗うと汚れたシャツが新品のように真白になって出てくる。この洗剤はこんなに漂白力があるとテレビで宣伝をしたところ、入れたシャツと、とり出したシャツとは別物で、視聴者を欺いていたという抗議がなされたことがある。

これに類するものはいくらでもある。「ぐんぐん成績があがる」「受持ちの先生もびっくり」「駅から十分」「だれでも美しくやせられる。××美容医学研究所」等々である。これらはおおむね当てにはならない。一種の嘘だとも言える。

言葉は言うまでもなく、事物や状態に対応する記号である。健全な言語は、記号の額面通りに事物と対応している。定価一〇〇円のものが一〇〇円で買えればその記号は健全である。一二〇円払わなければそのものが手に入らないとしたら、その記号は健全ではない。

現代社会は情報が氾濫し、雑多な言語が洪水のように流れている。その洪水の中に、多くの言語の病理を発見できる。誇大広告、誇大宣伝、不正標示などがしばしば問題にされる。言葉が信用されなくなり、言葉だけが流れ、事物がそれに対応していけない。このような状態を言語の病理と呼ぶことがある。言葉の病気という意味である。

言葉の病気を見ぬいて、それに惑わされないようにしなければならない。そういう、一種の言語防衛力を人々が身につけるということも確かに一面では必要である。

しかし、もっと根本的には、言葉の病気そのものを生み出さないようにしなければならない。事物と正しく対応しないような言葉は使わない、そういうまやかし言葉をこの世の中に送り出さない、そういう病気の言葉を自分の口から出さない。そういう教育が意図されなければならないはずである。

自分の発する言葉にどういう価値や責任を持たせるかということは非常に重要である。立派な人間は、それにふさわしい言葉を用いる。「言葉は人である」とか「文は人なり」などと言われるのは、言語表現の中に人格が投影されるからである。

話したり書いたりする言語行動、および、そこに表現された言葉、その形式などが、その言葉を発した人と一体であると見做すとき、言語はひとつの人格を備えたものと考えることができる。言いかえるならば、どういう言葉で表現しようかと考えるその吟味自体に話し手の人格が表れるということである。

言語の病理が蔓延する中にあってもなお、私たちは正しい言葉、よい言葉、確かな言葉、正直な言葉を使う人間を育てたい。言葉は本来そういうものであったはずである。そういう正しい言葉を使おうとする意志を、ここでは言語人格と名づけることにしよう。

話し手にせよ、聞き手にせよ、あるいは読み手にせよ書き手にせよ、よい言語人格の形成がまず目指されなければならない。言葉の病気の蔓延は、要するに確固たる言語人格が形成されていないことに起因しているのである。

言語人格の形成とは、自分の言葉に責任を持つ人間を作ることである。それが根本的なテーマである。

なおそのうえに、相手の立場を思いやり、あたたかい言葉、優しい言葉を使おうと心がけることや、美しい言葉、香り高い言葉を身につけようとすることも含ませたい。

さらに、勇気ある言葉、力ある言葉、人を勇気づけ、励ますような言葉を使おうと心がける気持ちもほしい。そのような言語人格を求める努力は、やがてこの世の中の言葉を浄化し、お互いに安心して信じ合い、頼り合える社会の実現に資することになるからである。

話せない子・話さない子に話す力をつけるという場合に、何よりも考えなければならないのはよい言語人格の形成ということである。

言語人格は低劣であるがまことに弁舌巧みだというような話し手を育ててはならない。たとえ弁舌は訥々としてはいても、言語人格高邁な人間を育てる方がどれほど社会的に有益であるか知れない。言葉を処世術として身につけさせるのでなく、かけがえのないその子の、よき人生の建設の問題として考えていくことが、教育者としてのあるべき姿である。

体の調子もよく、気分爽快で、心に喜びがあるときには、表情も言葉も明るく張りがある。体調、気分ともにすぐれず、心中に欝々とした悩みがあるときには、言葉も少なく表情までくもりがちになる。これは、言葉と心と表情とがもともと一体不可分、分かちがたく結びついていることを物語る。

言葉そのものがねぎらいや祝いの形をとっていても、話し手が打ち沈んだ表情で、そっけない調子であったなら決して相手に喜んではもらえないであろう。お義理に言った形式だけの言葉として、場合によっては相手に不快の念すら起こさせるかも知れない。心のこもっていない言葉は人の心に素直には通じないのである。

言葉を、音声と意味、形式と内容というように二つに分けてしまう考え方は観念的であると指摘されるのは西尾実先生である。西尾先生は言葉について次のように説明している。

「言語の現実態というものは、単なる耳に聞く、意味ある音声ではなく、それに伴って、顔や体や声色、語調などに、知らず知らずに抑えがたくあらわれてくる表情や身振りや動作などの身体表現が、これと不可分離に結び合った複雑な構造をもったものである。ただ口で言い、耳で聞くだけの単純な働きではなく、口でも言い、顔でも言い、体でも言うとともに、また、耳でも聞き、目でも見、体でも受けとるという複雑をきわめた機能である。一言にして言えば、体全体で言い、体全体で聞く機能であると言えよう」(「言語生活の探究」岩波書店二五二ページ)。

こう述べられたあと、生活としての言葉は語彙や語音、語調のほかに「それらを身体的に規定している姿勢や呼吸が、実は言語機能のきわめて重要な一面としてとりあげられなくてはならぬ」と強調されている。

さらに、「言語生活の身体的訓練と同時に、それらを心理的に基礎づけている人間性がとりあげられなくてはならない。道元禅師の『愛語』が『愛心』の発露であり、『慈心』を種子とした発展であったように、『心』を捨象した言語認識は、これまた、言語の現実態ではあり得ない」と説かれる。

要するに西尾先生は、言葉というものは、人間の心、表情、身体と不可分のものであり、それらとの統一的な融合一体のものとして把握されなければならないと言われるのである。言葉の教育は、知識や技術の分野だけでは解決されず、身体的訓練、心の持ち方、人生への構え方といった面にまで立ち到らなければ本来の成果をあげ得ないとされるわけである。

これは、まことに重要なご指摘である。現在は情報の時代、技術の時代などと言われ、万事について技術・技法が喧伝され、いわゆるハウツーものが流行している。ともすると言葉も技術・技法のレベルでのみとらえられやすい。西尾先生は、それでは言語の現実態をとらえたことにはならないと指摘されている。全く同感である。言葉を口にする人柄、その心の持ち方が問題にされなければならないという指摘は、とりわけ情報過多、言語病理の多い現代にあって重要な意味を持つものと言わなければならない。

西尾先生の引用されている道元禅師の愛語の思想とは大略次のようなものである。

「愛語というのは、愛の心から発した愛の言葉というほどの意味である。人に対していつくしみと愛の心を起こし、心からなる愛の言葉をかけることが肝要である。かりそめにも荒々しい言葉、とげとげしい言葉を口にしてはならない。『お大事にとうぞ』とか、『お変わりありませんか』とかいう言葉は、いずれも愛の心から人の安否を気づかうよい言葉である。これがすなわち『愛語』である。

立派な行い、立派な心がけには賞讃の言葉を贈ろう。徳の乏しい人には、憎しみでなく憐れみの心を持つようにしなくてはいけない。こういう心を持つ人の言葉はいつのまにか美しく優しい品格を備えてくる。だから、この身の続くかぎり、我々はつとめて愛語を発するように心がけるのがよいのである。

仇敵の心をも納得させ、君子の心を和らげるのも根本はこの愛語である。向き合っている人の口から発する愛語は、聞く人の表情をほころばせ、心を明るくしてくれる。仮に、自分のいないところである人が自分への愛語を語ってくれたことを知れば、本人はその喜びを肝に銘じ魂をゆり動かされることであろう。面と向かってほめられるよりずっと嬉しいにちがいない。

愛語を口にする場合、何よりも大切なのは愛の心であり、その愛の心は、実は慈悲の心、いつくしみの心から生まれるのである。決してそれは才能とか、能力とかが生むものではない。心がけ、心の持ち方が何よりも根本だと心得

なければならない」（「正法眼蔵」菩提薩埵四摂法の内「二者、愛語」より意訳）

原文は、まことに美しく格調高く、朗誦すれば自ずと心が澄んでくるような名文であり美文である。心ある人は原文に当たり大哲の心にじかに触れられることをおすすめする。

話せない子・話さない子におおむね共通することは引っ込み思案、小心、消極性などの性格である。これらに対し、強圧的、強制的な態度で「話せ、喋れ、話さぬか」と責め立てることは無意味を越して有害である。まさに、「愛語」をもって接しなければならない。

しかし、注意しなければならないことがある。それは保護に偏るのあまり、本人の自立、奮起の芽を摘んでしまうことである。

人と生まれたからには社会生活が運命づけられている。社会には必ずしもやさしく善良な人ばかりはいない。社会はさまざまな人、さまざまな事件、さまざまな運命に満ち満ちている。それが、社会というものの現実態である。その中で生きぬいていくことが本当の社会生活なのである。

人前で言葉を発するということは、どの人にとってもそれなりに勇気のいることであり、負担の伴う行為である。それを承知で自分の心に挑戦していくところに本人の向上が生まれ、社会の進歩が生まれるのである。

話せない子・話さない子というのは、一種の状態の把握である。その状態は固定的にとらえるべきものではない。この後いくらでもよりよく変わっていく可能性を秘めた人間としてとらえるのでなければならない。教育とは未来の可能性を信ずるところに発生する営為であったはずだ。

したがって、話せない子・話さない子の心理胸中を察して、いたわりと同情と理解とでその子を伸ばす思いと同時に、辛くても話す、耐えて発言する、自分に挑んで、自らの前進、改善、向上を心がけるような強くひたむきな意志を形成する面も忘れてはならない。

億劫だ、嫌だ、恥ずかしい、苦手だ、という個人的な心情だけによりかかるのは、きつい言葉で言えば思い上がりである。個人の心情にばかり埋没するのでなく、社会生活の仲間入りをする一個の人間としての責任、あるいは義務として、やはり、言うべきときには言わねばならぬのだという自覚を持たせることも忘れてはならない。

話せない子、話さない子という状態、現象が何を背景にして生まれたのかをよくよく見ぬいて、我々は総合的な指導対策を立てなければならない。

三　確かな言語技術

「あの人は話がうまい」「あの人は話が下手だ」「すばらしい話術だ」「もっと話し方の研究が必要だ」というようなことがよく言われる。この言い方に見られる「うまい」「下手」「話術」「話し方」などの言葉が、普通の意味での「言語技術」である。

言うまでもなく、言語技術は、低いよりは高い方がよい。だから、だれだって言語技術を高めたいという願いは持っているはずである。

では、どうしたら言語技術を高めることができるのだろうか。それは決してやさしくはない。なぜなら、高めるためには何をしたらよいのかがはっきりしていないからである。漠然とした願いは抱いても具体的な作業がはっきりしなければ、改善は望めないのである。

なぜ具体的な作業がはっきりしないのかというと、要するに「言語技術」というものの正体がわからないからである。そこで、まず「言語技術」というものの正体をはっきりとつかんでみる必要がある。

ずばりと言えば、言語技術というのは、「ことばについての知識の行為化されたもの」である。効果的に話すにはどういうことに気をつければよいのかという、さまざまな「知識」を身につけていることと、その知識を表現として行為化することを身につけていることが言語技術の内容であり、正体である。

図のように、知識と行為化しうる力とをそれぞれの軸にとって組み合わせると、次のような言語技術のタイプが生まれてくる。

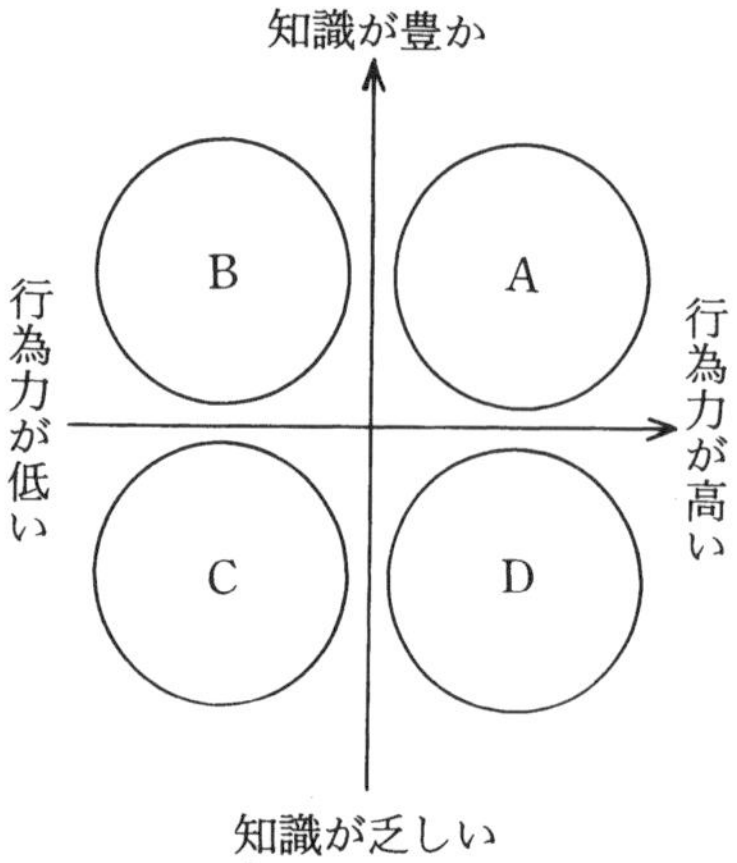

A型　最も理想的な型である。能弁であり、雄弁であり、話はおもしろく、かつ説得力がある。達者な話しぶりの背後に、しっかりした話法についての知識が豊かに用意されている。

B型　話すことに関する知識は豊富に持っているけれども、それを行為化することができない。どう喋ればよいのかのポイントを箇条的に列挙させればちゃんと言えるのに、それを行為化できないタイプである。

行為力が低いことの要因には、内気、小心、羞恥、場面的圧力、劣等感といったような心理的なものが考えられる。

現象としては、この型に属する者は訥弁、無口、無表情といった表れを見せ、話し下手である。

C型　話すための知識も乏しく、かつ行為化する力も乏しい型である。当然のことながらこのタイプの者は話すことを好まず黙っていることが多い。

D型　大した知識はないが、話させたら人を惹きつけて離さない。話のうまさは自他ともに認めているが、さて、なぜ自分の話がよいのかということになるとはっきりしていないという型である。

言うなれば生まれつきであり、俗に言う口達者である。ある水準を保ってはいるが、それ以上の伸びを期待するには話すための知識を身につけていかなければならない。

しかし、中には「話すための知識」などと改まった自覚はないが、潜在的には聴衆の反応に敏感に対応しながら自分の話しぶりを調節して話を進めているというタイプもある。だが、これとても、きちんとした形で話すための知識の整理をしたならばより一層の言語技術が身につくはずである。

「話し方」「言語技術」というものをひとまず知識と行為との総合したものととらえると、あいまいだった正体がはっきりしてくるであろう。

このようにとらえれば、言語技術は学習や練習や指導によって高めうるものだということがはっきりしてくる。つまり、話すことに関する知識をより体系的に身につけさせていくことと、それを行為化しうるように導いていくことによって、だれでも現在以上の水準に達しうるはずであり、それは教育によって可能なのだということができるわけである。

なお、念のため付言しておくが、ここでいう「知識」というのは、いわゆる知識一般ではなく、あくまでも「話すことに関する知識」であり「有効な話し方についての知識」という意味である。

同様に「行為力」というのは「話すという行動を起こす力」の意味であって、一般的な実行力とか行動力ということではない。

話せない子・話さない子というものを、「言語技術」という側面からとらえるならば、ここに述べた「知識」と「行為化」の二つの軸を考慮しなければならないだろう。残念ながら、学校教育では、話し方の指導が意識的意図的になされず、場当たり的な思いつきで終わっている。

話せない子・話さない子はいずれも、話したいと思っているし、話せるようになりたいという憧れを持っている。それに応えてやるためには、言語技術についての意図的、系統的な指導がなされなければならないはずである。その意味で、とかくあいまいな使われ方をしている「話し方」「言語技術」という言葉を、まずはっきりと定義づけ、その内容を明らかにしたわけである。

話し手と聞き手を結ぶものは言葉である。話し手がどんなに大切なことを考えていても、それが聞き手に伝わらなければ伝達は成立しない。伝達を成り立たせるにはどうしても言葉を用いなければならないのである。

伝達における言葉の機能を、より効率的に発揮させるのが言語技術である。話し手の内容がどんなにすばらしいものであっても、言語技術が稚拙であれば、それは結局相手に伝わってはいかない。言語技術のみに頼るのはよくないが、言語技術を無視した精神主義だけでもいけない。

技術というもののひとつの特性は、習練によって上達していくということである。目的的に訓練することによって今のレベルよりも高まっていくということである。

スポーツでは、自分の技術を高めるために猛烈な練習をする。マラソンでも水泳でも、目的的なトレーニングの反復によってその技術を向上させていく。練習のないところに進歩はなく、努力のないところに栄冠はない。それはもはや周知の事実である。

ところが、言葉の技術というものは、ほとんど練習の対象になっていない。言葉は、無意識のうちにいつしか身についてしまったような錯覚がそうさせているのである。言葉が紛れもない「学習」の成果であることは、狼に育てられたアマラとカマラの兄妹が証明している。生まれ落ちて間もなく、人間の社会から隔絶された山の中で狼に育てられたこの二人の子どもは、推定年齢六・七歳のとき人間に発見され、人間の社会に復帰することになった。しかし、彼らはどうしても人間の言葉を身につけることができなかったと報告されている。

言葉というものは決して生得的に身につくものではないのである。学習と訓練によって徐々に形成される後天的な「技術」なのである。このことに思いを致すならば、言葉の技術を練習によってより高く身につけることがどんなに大切かが了解されるであろう。

そうであるにもかかわらず、学校教育の中でさえ、この問題はなおざりにされて今日に至っている。戦後の国語科教育は「聞くこと・話すこと」という指導領域を独立させて意識の昂揚に努めたが所期の目標に達することなく終わったように思われる。

戦後の国語科教育は、子どもの心を解放しのびのびと自由に話させるように配慮した。その結果、確かに子どもたちは、教師に対してさえ、まるで友だちと話すように屈託なく話せるようになってきた。彼らはどこでも気軽に、自由にお喋りをするようになった。

戦前の学校、戦前の教室に比べてそれはまことに大きな進歩であった。そしてこういう事態こそ民主主義の基礎としての「話し合い」の能力の高まりだとして、当時喝采を浴びたのだった。

しかし、こういう事態に対する冷静な批判として、「確かに子どもたちは自由に喋るようになったが、果たして真の意味での技術が身についているのだろうか」ということが問われるようになってきた。

子どもの話す言葉はいたずらに冗長でまとまりを欠き、話すことにばかり気をとられてじっくりと聞くことができない。多弁な子どもの蔭に隠れてほとんど話せない子も生まれている。本当の意味での言語技術は身についていないのではなかったか、といった批判がなされるに至ったのである。

昭和五二年に改訂された指導要領は、このような反省に立って「聞くこと、話すこと」という活動領域を、それぞれ「理解」と「表現」という能力領域に組みこむことにした。これは、従来の活動主義的、ないしは経験主義的な教育のあり方を、もっときちんとした能力・技術として目的的に身につけさせるべきだとの主張に立つものであり、その点で高く評価できる再出発と言うことができる。

それからの国語科教育における「話すこと」の指導は、「表現力を高める」ことの中でなされるようになったのである。これは、別の言い方をすれば「話す能力」「話す技術」を高めるということである。

従来よりもいっそう目的的に、能力として、技術として子どもの話す力を高めていくことが要請されているのである。このような意味からしても、「言語技術の大切さ」が改めて認識されなければならないわけである。

何を、どのようにしていくことが「話す技術」を育てることになるのであろうか。これについて最も明快な整理をしているのは指導要領である。昭和四三年版と五二年版の指導要領に示された主な技能を表にまとめて整理してみるとほぼ次ページのようになる。なお、ここでは技能という言葉を用いたが、これは技術とほぼ同義と考えて差支えない。平たく言えば身につけさせたい「話し方」の意である。

さて、一見してわかるようにそれぞれの技能自体がある抽象性を持っている。たとえば、「筋道をはっきりさせて話す技能」といっても、それが具体的にはどういうことなのかはあいまいである。

筋道をはっきりさせて話す技能を身につけるためには、「筋道のはっきりしないこと」と「筋道のはっきりしたこと」との区別が理解されなければならないし、それが知識として仮に理解されたとしても、それをそのまま行為化できるわけではない。

学年＼項目	正しく発音する	正しく話す	効果的に話す	場や状況に応じて話す
低学年	・幼児音を使わないではっきりした発音で話す ・そのため、姿勢や口形に注意して話す	・何を言おうとしているか相手にわかるように順序よく話す	・相手の方を見て、みんなに聞こえるようにはきはきと話す	・みんなの仲間入りをしていっしょに話す
中学年	・発音のなまりや癖を直すようにして、正しい発音で話す ・場の状況に応じた言葉づかいや声の大きさ、速さで話す	・要点に従って考えをまとめながら順序よく話す ・筋道をはっきりさせて話す	・話のまとまりごとに区切りをつけて話す	・相手の立場や意見を考えて、それに対する自分の考えを話す
高学年	・正しい発音で話す ・言葉の抑揚や強弱などに注意して話す	・場の状況に応じて敬語を使って話す ・話の組み立てを考え主旨のはっきりした話をする	・話題からそれないように話題にふさわしい事実や事例をあげてわかりやすく話す ・目的や意図に応じて的確に話す	・相手を尊重し、場に合わせて話す

行為化する段階でも、気遅れ、羞恥といった心理的な障害も生まれようし、間違ったら叱られるというような人間関係が圧力となって十全に技能を発揮させないこともある。

　したがって、ここにあげられた個々の技能は、いわば便宜的な分類であって、現実は、それぞれの技能自体が複合体であり、いろいろの要素を含んだ概念なのである。それを承知して指導にあたることが肝要である。

前ページの表に示した技能を見ると、話し手の「態度」にかかわるものが多いことに気づくであろう。たとえば、「相手にわかるように順序よく話す」ためには、「相手にわかってもらえるように」という態度が問題になる。「話のまとまりごとに区切りをつけて話す」ということが技能として働くためには、「まとまりごとに区切りをつけよう」という態度がまず必要になる。

要するにこれら諸技能は、「相手」に対する話し手の好意的な態度が根底に必要なものなのである。換言すれば、技能は態度に支えられて成立するものなのである。態度はまた別の言い方をすれば心構え、心がけの問題でもある。

このような、聞き手、あるいは相手に対する心がけ、態度というものを忘れて技能そのものだけをもっぱら高めようとすれば、それはいよいよ反社会的な言語病理を促進し、蔓延させることになってしまう。

心がけや態度を忘れた言語技術は国語科教育では最も排除しなければならないもので、この点の認識が肝要である。話せない子・話さない子というのは、「話せない」「話さない」という特別の状態を述べた言い方である。そのような状態の子どもたちに対して、技能面のみを強調した指導をしてもおそらく根本的な解決にはならないであろう。むしろ、心がけ、態度面の育成から、次第に技能面の指導に進めていくのが本来的であろうと考えられる。

技能の指導は不要だとか、技能を軽視してよいのだなどというのではない。技能の指導はむろん重要ではあるが、より高い技能を身につけていくためには、心がけの指導、態度の指導がまず必要だということなのである。

四　話す力を育てる心

話せない子・話さない子という中に属していた子どもが、目に見えて変わり、ぐんぐん話せるようになるなどということは滅多にあるものではない。指導を加えても加えても目に見えては容易に変わらないのがむしろ普通の姿であり現実である。

特に、話すことにかかわる子どもの傾向は生育歴や性格に深く関係を持っており、単一の指導や工夫によって簡単に解決するようなものではない。さまざまの複雑な要因によって成立しているひとつの現象を性急に解決しようとすること自体が無理なのである。

発達途上にある子どもの伸びを信じて、あせることなく、気長に、根気強く子どもを育てあげていくことが大切である。わずかずつわずかずつの伸びをあたたかく認めて、少しずつ少しずつ自信をつけていってやる配慮が肝腎である。

話せない子・話さない子を、困った奴だと思ってはいけない。望ましいとは言えないにしても、そういう話せない状態になること、そういう状態にあることもひとつの現実である。悪いことだという風に考えてしまうのは考え過ぎである。これからいろいろに成長していく、その発達途上にある一現象として、広々とした心で子どもの指導に当たるべきである。

完成してしまって、指導することのないような子どもは、むしろ教師にとっては淋しい存在である。話せもしない、話しもしないという子どもが少しずつ、少しずつ伸びていってくれるからこそそこに教師の存在価値があり生甲斐も生まれるのである。

その意味では、問題を多くかかえている子どもこそ教師にとってありがたい存在である。そういう子どもを育てていくことが楽しいのである。不機嫌な気持ちで接してはならない。楽しく育てていく心構えが大切である。

話せない子・話さない子は、話すことに対して必ずある引けめを感じている。程度の差は別としてみんな劣等感を持っている。教師に言われるまでもなく話し下手だと自分で知っている。

そういう子どもたちを、教師が厄介者扱いしたとしたらどうなるであろう。人に言われるまでもなく困ったと自分で思っているところへ、「先生に厄介者扱いされている」と考えたとしたら身も蓋もなくなってしまう。

このような子どもたちに最も大切なことは向上への希望と自信を持たせることである。そのためには、教師の心のこもった励ましが最も重要である。空世辞は決してよくはないが、それだって軽蔑や罵倒よりはよっぽどありがたい。教師は子どもにとっては絶大な存在である。その絶大な存在が励ましてくれる場合と罵倒を浴びせる場合とでは、まさに絶大な違いがある。

つとめて励ましを与えつつ、ともに喜びを分かち合いながら指導に当たりたいものである。

話せない子・話さない子と一口に言ってもいろいろの場合がある。特に、自分のおかれている場面によって、話したり、話さなかったりする事実に着目する必要があると私は考えている。

家庭ではむしろお喋りの子であるのに、学校にくると無口になってしまうという子はいくらでもいる。逆の場合だってなくはない。学校では快活に話しているが家に帰るとほとんど話さないという子どもである。いずれの場合も望ましい状態ではない。

健全な言語生活を営む子どもは、学校でも家庭でも同じような状態を保つことができる。そのような状態に近づけていくのが指導である。

話せない子・話さない子の指導を進めるうえで、家庭と連絡をとり、協力し合うことは有効である。学校でほめられたことが、家庭でもほめられ、学校で注意されたことが家庭でも注意されるという場合には、子どもは学校でも家庭でも同一の方針、歩調で教育を受けることになる。この場合には、子どもの価値観や目的が乱されないので、子どもは安定した気持ちで成長していくことになるのである。

反対に、家庭ではほめられたことが学校では認められず、学校で培った態度が家庭でこわされるというような場合には、子どもは常に価値観や目的意識を乱されることになる。これでは安定した子どもの伸びは期待できない。

教師は、その子どもの話し方を育てる方針や努力点を家庭に伝え、了解し合ったうえで協力を求めることが、その子を伸ばすうえで得策である。子どもの話す力は、学校と家庭との協力のうえに築かれるものであることを理解し、「親と育てる」「家庭と共に育てる」よう心がけるべきである。

第三章　話す力の低い子ども

一　「話せない子」と「話さない子」

「話せない子」というのは、能力も意欲もなくて話すことができないでいるという感じを与える。これに対して、「話さない子」というのは能力も意欲もありながら、あえてその行動を自らの意志によって起こさずにいるという感じが強い。両者には、言葉のニュアンスの違いがあるように思われる。

しかし、この両者を厳密に区別することはむずかしい。なぜなら、「話せない」とはいっても「自分の口からは話せない」「今は話せない」「恥ずかしくて話せない」「間違えるといけないから話せない」「はっきりわかっているわけではないから話せない」というような場合は、話さないと同じ意味に使われていると考えられるからである。つまり、両者の区別そのものを論じることにはあまり積極的な意味はないと考えた方がよい。

そこで、本書では「話せない子」も「話さない子」も、要するに「話す力の低い子ども」という共通概念でとらえて記述を進めていくことにする。

「話せない子・話さない子」というのは、どのような程度を意味するのだろうか。これは、明確には決められないが、およそ、学級の二割程度がこの範囲に属するのではないだろうか。話し方の能力をざっと五段階に分け、人数を等分していったときに一の段階に入る子どもが、成員のちょうど二割に当たる。これがひとつの目安である。

話し合いがスムーズになされるクラスと、黙りがちなクラスとでは当然該当する子どもの率には違いが出てこようが、ここではその違いはあまり問題にはならない。要するに、教師の日頃の観察によって、「話せない子・話さない子」に該当するかどうかを見当づければよいわけである。

なお、本書で考察と指導の対象にしようとする子どもたちは普通児である。話せない、話さないといっても自閉症児、精神薄弱児、緘黙児、言語障害児等々は対象としていない。それらについては、それぞれ専門的な治療や特殊な訓練、指導が、その道の専門家によってなされるべきであり、教師の私には荷の重すぎる問題だからである。

ごく普通の子どもたちでありながら、何らかのブレーキがかかっているために、本来十分に話せるはずのものがそれを発揮できずにいる場合がある。このような場合は、普通学級を担任する教師、また、普通の家庭の家族などの指導や配慮によって、かなり望ましい状態に引き上げることが可能である。本書はそれらについての解決を図ることを目的とするものである。

二　話せない子・話さない子の理解

1　「理解」の重要性

話す力が低い子どもたちも、広い意味で言えば一種の問題を持った子どもたちである。このような子どもたちは、むろん指導を加えることによって、最終的には矯正され、正常化されることが重要であるが、指導のあり方に劣らず大切なのが理解のあり方である。極端な言い方をすれば、正しい理解がなされたならば、それは指導の半ばを終えたと言ってもよいであろう。

子どもに限らず、一般に問題を持つ青少年に対してもこの原則はあてはまる。「わかってくれない」「わかってもらえない」「わかっちゃいない」という相手への不信感は、その当否を問わず一切の外からの干渉を拒否してしまう。「あの人ならわかっていてくれる」「私の苦しみをわかってくれた」という信頼感、安堵感、連帯感が生まれれば、素直に相手の好意を受け入れる心が湧いてくる。このような信頼関係を相互の間に生むことがまず重視されなければならない。

いろいろと指導の手だてを工夫し、実践しているが子どもに受け入れてもらえないという場合は、その前段階の「理解」に問題があることが多いのである。

逆の場合もある。これといった特別の指導を講じたわけではないのに、その先生が担任になったら今まで黙りこくっていたような子どもが発言するようになってしまうという場合である。これらは、指導とか治療とかという意識をことさら持たなくとも、子どものひとりひとりの心をよくつかんで、それぞれをあたたかく見守る行き届いた理解が功を奏しているのである。

このように、問題を持つ子の指導に当たってはその理解のあり方が非常に重要になってくる。では、「話せない子・話さない子」の理解に当たってはどのようなことを考慮すべきであろうか。以下にそのポイントを述べてみよう。

2　悪ではない

とかくわれわれは、教師にとって好都合でない子どもたちを「よくない存在」ととらえがちである。知らず知らずのうちに、そういう子どもたちを悪の側に区分けしていることが多い。

もともと子どものひとりひとりは、十人十色、百人百様の個性を持っている存在であり、そのような違いがあることが自然であり当然なのである。そのかけがえのない個性を愛しんで育てていくのが教育の本来であるはずなのに、教師の好みや都合によって子どもを善と悪とに区分けしてしまいがちなのである。

たとえば、話せない子・話さない子は、とかく「よくない存在」極端に言えば「悪い子」の中に入れられてしまいがちである。このような子どもたちは、「ここで発言してほしいのだが」という教師の願いや期待に対して一般に冷淡であり、無頓着である。いくら教師がやきもきしても、話せない子・話さない子は相変わらず口を閉ざしている。これは教師にしてみれば決して喜ばしいことではない。教師の立場も心境も期待もわかってくれない「悪い子」に見えてくる。癪にさわってくることさえある。

このようなことから、無意識のうちに「話せない子・話さない子」に対して教師はマイナスの評価を与えてしまうことが多い。無視したり、黙殺したり、軽蔑したりしてしまいやすい。話す子、話せる子には何回も声をかけるのに黙っている子にはほとんど声をかけなくなる。話す子、話せる子には笑顔を向けるのに、「話せない子・話さない子」には冷たい表情あるいは無表情で接しやすい。名を呼ぶ回数も、声をかける数も少なくなりやすい。本当はそれが逆でなくてはいけないのだが、そうはなりにくい。

このような教師の子どもの理解のあり方、態度というものは、無意識のうちに子どもの心の中に拒否体制を育むことになる。強くてきつい性格の子どもは、こういう教師の態度に対して反抗的になったり、ひねくれたり、無視したり、いよいよかたくなに沈黙を続けたりという態度に出る。反対に、弱くてやさしい性格の子どもはおびえたり、離れたり、悩んだりすることになる。

「話せない子・話さない子」というのは一種の行動特性であり、決して善悪の問題ではない。善悪に対しては愛憎の感情が伴うが、行動特性の差に対して愛憎の感情を持ちこむのは誤りである。肝腎なことは個々の特性を、ありのままに、あたたかく受けとめて理解することである。

話せない子・話さない子という状態は、少なくとも望ましいものではない。望ましい状態にないものに対して必要なのは、むしろいたわりの気持ち、愛の心である。自分でも、このままではいけないと気づいているであろう子どもたちにとって最も必要なのは、いたわりや励ましであろう。先入観、あるいは潜在的な感情としても、話せない子・話さない子を悪であると見なすのは大きな過誤である。

3　厄介者ではない

こちらから物を問わなければ、子どもの方からはほとんど何も言わない。こちらから問うてもはきはきはしない。何がおもしろくて何がつまらないのか、何を考えているのかさっぱりわからない。このように解釈されやすいのが話せない子・話さない子たちである。

これに引きかえて、話す子、話せる子は、いつでもどこでもはきはきとして、明朗で表情豊かで、授業中でも遊び時間でもいかにも無邪気で可愛い。こういう子どもたちばっかりだったらどんなに楽しいことだろうと誰しも思う。「話せない子・話さない子」には、いちいちこちらから尋ねなければならず、万事につけて、時間もかかり、手間もかかり、しかもすかっとした後味ではなく、何となくわかったようなわからないようなもやもやが残る。だから、こういう子どもたちはとかく厄介者扱いされやすいのである。

また、こういう子どもに接するときは、何かと心づかいが面倒なのでとかく教師もつんけんしがちなのである。ひどいときには、「いっそいてくれなければ楽で助かる」などというとんでもないことも思わないでもない。教師も完璧ではないからこんな理不尽な思いに、ふととらわれるときだってないわけではない。

しかし、それではやっぱり困るのである。このような理解のありようでは、話せない子・話さない子は望ましくは育っていかない。育っていかないどころか、いよいよかたくなに黙りこくっていくことになりやすい。

話す子、話せる子ばっかりだったら指導は不要である。教師が子どもにとって必要であるのは、指導によって伸びていく子どもが存在するからである。教師にとって、その力量を発揮し、教師としての本当の喜びを感じさせてくれるのは、むしろ現在は話せない、話さない状態にある子どもたちである。この子どもたちは、教師に何が大切であり、何をなすべきかを教えてくれる貴重な存在なのである。

正しく適切に指導をすれば正直に伸びを見せ、笑顔で応じてくれるし、適切を欠いた指導であればその効果を決して表に表さない。その意味では子どもたちは正確にしてこのうえない評価機器でもある。それを厄介者扱いするなど、とんでもない思い違いである。むしろありがたい存在として認識しなければならない。

教師の思いがこのように変われば、教師の表情も自ら柔和になり、言葉も声もやさしく、挙措に親しみがにじんでくることになる。教師のこのような接し方ほど子どもにとって頼もしく嬉しいことはない。このように理解されているという安心感は子どもの情緒を安定させ、教師への信頼感を回復させる。そういうゆったりとした心を持たせることが、実は話す子、話せる子に向けて育てていく大きな前提である。

このようなことは、わかりきったことのようでいて、実際は決してそうではない。表面的に、理屈のうえでわかっていてもそれだけではほとんど意味をなさないからである。心の底からわかり、いつでもどこでもそれに徹して指導に当たれるようにならなくては、本当の児童理解にはならない。三日や十日ににこにこしたからといって子どもはよくならない。むしろ、そのような偽善者じみた教師の態度は、たちまちにして寡黙で冷静な「話せない子・話さない子」によって見破られてしまう。

期待が裏切られたときの失望は大きい。生半可な擬似理解なら、してもらわない方がよいのである。教育にとって最もむずかしいのは、ほかならぬ教師自身の自己改造である。「進みつつある教師のみ人を教ふる権利あり」と先哲は教えている。真の意味での望ましい児童理解を甘く見てはいけない。まず教師自身が、己れ自身のありようをよくよく省みる謙虚さがあって初めて真の児童理解も可能となるのである。

4　固定的ではない

どんなときでも、どんな場所にいても、まったく話せない、話さないという子どもは滅多にいない。ほとんどの子どもは、時により場合によって話せたり、話せなかったりするものである。つまり、話せない、話さないという状態は固定的なものではなく、流動的なものととらえた方が適切である。

家の人とは自由に話すけれども、先生の前に出ると話せないという例はいくらでもある。家ではうるさいほどのお喋りをするくせに、先生に対してはごく簡単な質問も確かめもお願いも言えず、母親が電話をしたり、学校へ足を運んだりするということはどこの学校でも見られる例である。

休み時間には大騒ぎをするような子どもが授業時間になるとさっぱり口を開かないという場合もある。特定の仲良しの子どもたちの中では快活に喋るのに、学習のための班や、清掃のグループの中では口をつぐむというケースも日常的に見られる。

このような事態はなぜ発生するのであろうか。簡単に言ってしまえば、本来は話す子、話せる子であるのに、その本来の姿が、何らかのブレーキをかけられているからではないだろうか。このことについては、第二章の一「だれだって話せる」のところで詳しく述べておいたのでこれ以上触れることはしないが、大切なことは、何らかの手立てを講ずることによって、だれだって話せる子、話す子に変わりうるのだということである。

この子はこういう子なのだという決めつけはくれぐれも自戒しなければならない。そのような固定的な見方は、教育的でないばかりでなく、成長途上にある子どものとらえ方として誤っている。「無限の可能性を秘めた子ども」ということがよく言われるが、それこそが子どもの正しいとらえ方である。これから先、いろいろに変化し、成長してゆく子どもに対し、教師はそのときどきの思いこみやきめつけをしてはならない。

子どもというものは、実はとらえどころのないほどよく変わるというのが本当である。昨日は元気だったが、今日は元気がなく、二年生までは暴れん坊だったが三年生になってすっかりおとなしくなったという具合である。もっとせまく言えば今朝は上機嫌だったのに今はぷんぷん怒っているという始末である。

話すとか話さないとかという行動は、感情の起伏に比べればはるかに持続性があり、安定している傾向ではあるが、それにしても固定的に見てしまうのはよくない。もっと流動的に、広い心で子どもを見つめ、理解すべきである。

5　成績ではない

成績のよい子どもの中にもほとんど発言しない子がある。成績はさほどよくないのによく発言する子どももいる。

このことは、男子についても女子についても言える。つまり、話せるとか話せないとかということが、そのまま成績や能力の反映ではないのである。別の言い方をすれば、話すか話さないかということはあまり成績とは関係がないということにもなる。

むろん、不明なところがあった場合に、質問することによって解決しようとせず、そのままに放置することは望ましくはない。積極的に質問をしてその解決に当たる子どもの方が成績を高めるであろうことは素直に考えられる。しかし、そういう行動を起こそうとしない、いわゆる「話せない子・話さない子」というものは、そういう質問をしない代わりに、ふだんよく聞いているという特性を持っているかも知れないのである。

大切なことは、「物を言わない子→成績の上がらない子→成績の悪い子→悪い子」というような図式を否定することである。「話せない子・話さない子」の、そういう目下、現今の状態のみを問題として考えるべきであって、あまりに問題を広げてしまったり、すりかえてしまったりするのは好ましくないのである。

誤解を恐れずに言えば「成績にはあまり関係がないのだから、まずは物言わぬ子でもいいではないか」というような大らかな心で子どもに接した方がよいということである。

成績の悪いのは発言しないからだ。何とかしてもっと発言するようにしなければならない。このような考え方をあまり神経質に押し進めると子どもはかえって萎縮してしまう。また、いくら教師があせって叱咤したところで、決してそう簡単に子どもは話すようにはならない。それよりも、あるがままの姿をそのまま肯定するという教師のゆとりがまず大切である。

話さない子にとって、まずしてほしいことは、そういう話さないという状態を罪悪視しないことである。成績に直接影響しているならば、放置しておくことが子ども本人の将来にかかわってくるということにもなるのであろうが、前述したように、そうではないのだということを頭に入れて温かく接することが大切である。

6　沈黙の解釈

沈黙していること、発言しないでいるということは、それ自体がひとつの発言である、というのが私の持論である。黙っているから心の中が何もわからないとよく言われるが、そうばかりとは言えない。黙っていること自体がひとつの意志表示だともとれる。たとえば次のようなさまざまの意志、感情を内に秘めて沈黙という状態を生み出している場合が多いのである。

①学習内容に関するもの

●むずかしすぎる、あるいは、やさしすぎる
●興味が持てない、つまらない
●価値がない、くだらない
●意味がわからない、むだである
●嫌いである

② 学習方法に関するもの

●どうしてよいかわからない
●めんどうくさい、繁雑すぎる
●やり方に慣れていないのでやりにくい

③ 心理状態に関するもの

●あきている、つかれている
●やる気にならない、ファイトがわかない
●生意気だと思われたくない
●間違えるといやだ、恥ずかしい

④　指導のし方について

●別のやり方を教えてほしい
●よくわからない、わかりにくい
●もっと楽しい教え方をしてもらいたい
●もうチャイムが鳴った、早くやめてほしい、休み時間がなくなってしまう
●どんどん先生から教えてもらいたい
●答えを先生の方からすかっと言ってほしい
●ヒントがヒントになっていない

このほかにも、もっといろいろのことが挙げられるであろう。これらは、言葉として音声表現していないだけであって、心の中では雄弁な発言をしているのだということが言える。声なき発言である。

このように実にさまざまある声なき発言が、全然わからないということでは教師として淋しい限りである。少なくとも教師は、子どもが黙っているということ自体の本当の意味を考えてみようとする心を持たなくてはなるまい。

心理学の用語に「自己定義」という言葉がある。表情、言語、行動、しぐさ等の一切は、すべて自分はこういうものですと定義づける信号だと見なす考え方である。ふと口をつぐむという小さな行動が「もう、そのことにふれるの

はよしてください。私はいたたまれないのです。お願いですから話題を変えて下さい」ということを表現している場合もある。

教師は、子どもの沈黙というひとつの行為に、どんな意味が秘められているのかを考えてみる必要があるであろう。表情、姿勢、態度、日常観察などに基づいて、内なる心の発言に耳を傾けるという思いがほしい。それはあたたかい思いやりの心でもある。

声に出してこそ言わないが、この子どもの内言は活発だと判断したら、ノートに発言をさせることも考えられる。長々と書かせることはない。賛成を○で、反対を×で、たったそれだけを書かせても、それはひとつの発言をさせたことになる。

沈黙という、外側からの現象も、内側から見つめてみると盛んな内言活動であるともとれる。いや、内言活動が盛んなときには、むしろ人は外に向けて沈黙するのではないか。「口を閉ざして思い始まる」とも言われている。

話せない子・話さない子の沈黙は、むしろ雄弁な内言活動であるかも知れない。沈黙が何を意味するのか、それを解釈しようと努めなくてはならないであろう。話す子・話せる子を大切に扱うのと同じように、「話せない子・話さない子」をも大切に扱うことが、心ある教師の条件である。

三　話せない要因

話せない、話さないということの背後にはさまざまな要因があると考えられる。指導に当たっては、まずそれらの要因について知り、個々の子どもが主としてどのような要因によって話せなくなっているのかを探ってみることが大切である。

むろん、実際の要因は単一ではなく、さまざまな問題が複合して話せないという状態を生み出しているわけであるが、ひとまず、主な要因についての知識を持っておくようにしたい。

要因として考えられるものの分類の仕方には一定したものはなく、人によってさまざまである。ここでは、学級担任として実際の指導に当たる立場から最少限必要ないくつかの要因を列挙しておくことにする。実際の個々の子どもに当たれば、これらのほかにもいろいろの要因がからみ合っているであろうが、それらについては、個々の研究にまつことにしたい。

1　身体的要因

普通の子どもの場合には、身体的要因に基づいて話せなくなっていることは稀である。しかし、たとえば、声がかすれる、声がふるえる、発音が不明瞭であるというような場合はある。軽度であれば問題ないが、あまり目立つような場合には友だちに笑われたりすることを気にして話せない、話さないという事態を引き起こす。

このほかに、しゃがれ声、だみ声、きんきん声などもあり、あまり目立つ場合には友だちの反応を気にして話さなくなる。

身体的要因は、もともと医学的問題であり、専門的対策は医師の領分である。学校として気をつけて指導に当たらなくてはならないのは身体的要因を劣等感に結びつけないようにする点である。

友だちの接し方を指導すると同時に、本人にも自分の問題点を克服していけるような勇気、気概を持たせることが大切である。

2 知能的要因

成績のよい子がよく話し、悪い子が話さないというわけではないことは前節で述べておいたが、ここでは、「話せない子・話さない子」の中に明らかに知能的要因に基づく場合があることについて述べておくことにする。

最も単純な例をあげれば、授業の進行にとてもついて行けず、どうしても話し合いに参加できないという場合がある。稀にそういうことがあるというのならばむろん問題にならない。だれにもそういうことはあるのだから――。しかし、いつもいつもそうだという場合には明らかに問題である。

授業についていけないことが固定化すればもちろん発言はしないし、話し合いの仲間入りもできなくなる。これが劣等感につながって授業外の場でも口数が少なくなったり、逆に開き直ってどうせ自分にはわからないのだと怠け始めたり、あるいは登校しなくなったりということに発展しないとも限らない。こうなれば、もはや、問題は話せない、話さないというコミュニケーションの域を越えて生活指導の問題にも入っていくことになる。

健全なコミュニケーションが保障されていればそういうことになっていく可能性は少ない。その点への着目が必要である。

考えがまとまらない。話がだらだらと長くなり、しかも言うことに一貫性がない、というような場合には、クラスの中でその発言は聞いてもらえなくなる。相手にされなくなる。

性格は明るい子どもなのでよく挙手によって発言を求めはするが、内容が乏しくかつ時間もかかり、授業の混乱を招くことが多いのであまり歓迎されない。こうして、そういう子どもはだんだんクラスの話し合いの場から締め出されていくことになりがちである。

これらは、発表技術そのもののまずさとも言えるが、そのもとは知能的なレベルに起因している場合が多い。知能そのものの向上は易々とは望めないところに指導のむずかしさがある。

3 性格的要因

話せない、話さないという子の要因が性格とかかわっている場合は非常に多い。性格というのは、突発的ではなく、長期に亘る持続的な人格特性である。それは、習慣、情操、理想などの統合されたものであり、これらによってその個人の行動は比較的恒常的になり、予測可能になると言われる。

話せない子・話さない子に見られがちな性格特性としては、次のようなものを挙げることができる。

(1) 消極的である。

現在のままの状態を保とうとするだけで、自分から進んで向上を求める行動はしない、考えたりしようとせず、ひっこみがちな性格である。

話すということは、一種の積極的な行動であるから、消極的な性格の者にとってはひとつの負担になる。何事によらず、黙っていれば、それはそれで何とか事が過ぎていく。その方が自分にとっては安易である。新しい負担や問題も生じてはこないし、それによって特に自分に不利益がもたらされるというわけでもない。

消極的というのは、あくまでもひとつの性格特性ではあるが、そういう性格特性を持続するためには、そういう性格特性を自分なりに肯定するための潜在的な論理を形造っている場合が多い。

積極的な性格の持主は、物事に対して進んでかかわりを持ち、働きかけ、能動的、進取的に行動する。彼らは、物事を黙って見過ごすことができず、自分の言動によって、何らかの前進、向上をそこに生み出そうとする。それだけに、失敗も多く、人との摩擦も余分に生じやすい。しかし、自分の意志や感情を進んで表現しようとする行動は、結局において現状打開に役立っていく。

これに対して消極的な性格の持主は、自分をとりまく周囲に対して、傍観的であり、事勿れ主義的な立場に立とうとする。むろん、進んで世の役に立ちたい、これではいけないと内では思いながら、性格がそれに踏み切らせないという場合もなくはない。しかし、そういう場合は、少なくとも子どもに限ってはあまり多くは見られない。

消極的な性格を持つために、話せない子・話さない子になっている場合には、したがって、性格そのものだけをとりあげて臨床的に治療するというよりは、その子の深層にある物の考え方や感じ方、人生観というようなものとの統合において指導を考える方が実際的である。また、その子の心の内側だけに着目するのでなく、その子をとりまいているまわりの子どもたちの気持ちや立場や要望やらにも目を向けさせていくことも必要になる。なお、意志の弱い子どもと言われる一群も、ほぼこの消極的な子どもと同じような性格特性と見てさしつかえない。

(2)　依頼心が強い。

自分以外の者の力に頼って、自分の行動を起こそうとしないという性格である。自分の行動に自信が持てず、したがって自分で自ら試みてみようとはせず、万事につけて自分のやるべきことを他人にやらせる。あるいは、他人がやってくれるまで自分は何もしないという性格である。

こういう性格は、面倒見のよすぎる過保護の家庭から生まれやすいと言われている。自分のやるべき行動のすべてが、自分以外の者によって代行されて事が運ばれる中で育てば、依頼心ばかりが強くなるのは当然であろう。

独立心に富んだ子どもというのは、多様な事態を身をもって切りぬけてきた子どもであり、状況も、過程も、結果も、原因もわかっているので自信がある。そういう子どもなら、言語行動もまた活発になる。

話せない子・話さない子と言われる一群には、家庭の過保護の結果、経験の範囲も狭く量も乏しいという子どもが多い。こういう場合は、家庭との協力のあり方なども、指導上の大きな問題としてとりあげられなければならない。

(3) 無気力である。

指導上最もむずかしいのがこのタイプである。何事に対しても本気で取り組もうとはしない。たまたまあることがらに興味を見せても長続きせず、すぐにあきてしまう。

友だちとの遊びにしてさえ、気を入れてやらないのでいつの間にか仲間から敬遠されはずされていく。何を考えているのか、何が好きで何が嫌いなのか一向にはっきりしない。

それほどに極端ではないにしても、こういう傾向を持っている子どもは実際にいる。こういう子どもは、特別に話すことだけに無気力なのではなく、生活全般が気力に欠けている場合が多い。

話せない子・話さない子どもの中には、このタイプに属する子どももある。無気力とは言え、多少は必ず好き嫌いがあるものであり、それを見つけて徐々に興味や自信を育てていくようにするとよい。しかし、またこういう子どもは、一般に特に仲のよい子どもというようなものもなく、交友関係やそのほかの人間関係でも充たされていないことが多い。ここへの着目によって、精神的な明るさをとり戻させるような指導が考えられる。

(4) 非社会的である。

人と交わろうとすること自体が苦手で、自分の世界に自分だけで籠ってしまう傾向の強い性格である。休み時間などでも友だちと遊ぼうとせず、ひとりで図書室に行ったり、教室の隅でひっそりと本を読んでいたりすることが多い。

家に帰っても、外へは遊びに出ず、ほとんどひとりで本を読んだり、テレビを見たりなどして暮らしてしまう。お客さんが尋ねてきても、話の中には入らずに相変わらず自分ひとりの世界を守り続けようとする。

このようなことから、結果的には話せない、話さないという子どもになってしまう。十分に話せる能力を持ちながら、授業中などほとんど発言はしないという子どもである。

こういう子どもにとっては、読書やテレビが一種の逃避手段となっている場合が多い。その子にとっては、本を読むこと自体が健康的で積極的な行動なのではなく、自分の非社会的性格からくる淋しさを紛らすための代償行為として行われているわけである。

このような場合の読書は、その読書自体も健全な効果を発揮せず、読み物の範囲も狭く偏りがちである。指導に当たっては、これらの総合的な診断に従って、生活そのものから建て直していくことが必要になり、単に、話すことだけに問題を絞ってその一点のみを直そうとしても効果は期待できない場合が多い。

(5)　かたくなである。

がんこで自分勝手、自分が気に入らないとなればてこでも動かない。偏屈で意固地な性格のために、口を開かないという場合もある。機嫌のよいときには、まあまあ話はするが、ちょっと気にくわないことがあったり、癪に障ったりすることがあると、そのときからぴったりと口を閉じてしまって返事もしない。

教室でこういう子を指名すると木偶のように押し黙っていつまでも立っている。「わかりません」という一言さえ頑として言わないというような場面が生じてしまう。

三年生ぐらいまでの、わがままな子どもに多いが、友だち同士の間でだんだんに矯正されて、高学年になる頃にはほとんど姿を消すのが普通である。こういう子どもに対しては、決してあせることなく、気長に発達を待つような心がけが大切である。強いて一気に直そうとするとかえっていよいよ持前のかたくなさ、偏屈さを助長させることとなり、ひいては教師との人間関係をいっそう悪くするようなことにもなりかねない。広い気持ちで接することが、一見遠まわりのようでいてむしろ近道である。

⑹　反抗的である。

かたくな、偏屈、意固地というような性格は、いずれも自己防衛的な態勢として特徴づけることができるが、これに対して、やや攻撃的な強さを持って特徴づけられるのが反抗的な子ども、ひねくれた子どもたちである。学級全体や、担任、あるいは極端な場合には学校そのものに対して、こういう子どもは明確な、あるいは漠然とした不満を持っており、それへの攻撃のひとつとして押し黙ってしまうという場合がある。防衛をしての沈黙ではなく、むしろ攻撃としての沈黙である。

こういう要因を持った子どもは、しばしば非行の芽生えないしは可能性を孕んでいることが多く、家庭環境、あるいは生育歴に問題を持っていることが多い。「話せない子」ではなく、明らかに「話さない子」であり、友だちや場面によって話す、話さないが明確に違ってくる。

すべて自分で承知した行動をとっているのであるから、そのことを十分心に入れて指導に当たらなければならない。最も基本になるのは、本人と担任との信頼関係、親和関係であり、強圧的な態度に出ることは禁物である。担任との関係が仮によくなったとしても、特定の教師に対しては反抗的な態度が残されるという場合もあり、なかなかむずかしい。少なくとも言葉の技術などの指導で解決できる問題ではなく、かなり根の深い問題も有しており、それだけに慎重な指導が必要になる。

4　心理的要因

性格が、持続的な人格特性であるのに対して、心理というのは状況や場面に応じて時々に表れる心的特性である。

性格は、どんな場面でも比較的安定した同一傾向を持続するが心理はもっと不安定で流動的である。「心理状態」という言葉が示しているように、それはある時の心の状態であり、それは場面や立場や状況と深くかかわって生ずるものである。

ふだんは明朗で積極的性格の子どもが、ある時にはすっかりあがってしまって、平素の能弁もどこへやら、すっかりしどろもどろになってしまうというようなことはよくある。日常の授業では進んで挙手をし、活発な活躍をしていた子どもが、研究授業になるとすっかり調子が狂ってしまって、一向に活躍をしなくなるというような場面は、まま見られることである。

この傾向は子どもに限ったことではない。教師であっても、研究授業ともなるとつい固くなってしまってふだんの実力以下になってしまうことがしばしばある。楽しく明るい心持ちのときには伸び伸びと授業に臨めるが、心配ごとがあったり、非常に不愉快なことがあったりすると、どうしても弁舌が冴えないというような傾向はだれしも経験のあるところであろう。

心理的要因は、ごく大まかな言い方をすれば、抑圧と解放の問題である。解放された心理状態であれば少々の失敗や障害も乗り越えて行動できる。気楽に発言できるし、お喋りできるのはそういう場合である。反対に、何らかの心理的抑圧を受けるとそうはいかない。しどろもどろになったり、言い間違えたり、言い足りなかったり、押し黙ってしまったりということになりやすい。

心理的要因に根ざす「話せない子・話さない子」に対しては、したがって聞く側の心配りが大切になる。好意を持って話し手の言葉を受け入れようとしているなという気持ちが話し手に伝わることが必要である。失敗を笑わない、間違いをとがめないというような話し合いのルールを学級の中に育てる教室がよくあるが、これは話し手に対するあたたかい配慮である。

逆に話し手の心理状態に抑圧を加えることになりやすい条件としては、冷たい評価意識、あげ足とりをするような空気、話し方のルールや作法をあまりに細かくとり決めた場合、教師のえこひいき、あるいは激しい感情の起伏、機嫌の良し悪しによって態度が一変するような指導態度、等々を挙げることができる。

子どもがいつも伸び伸びとして心を解放できるような教室づくり、学級づくりをすることが何よりも基盤になることを改めて承知すべきであろう。

5 場面的要因

心理的要因を作りあげるのは解放と抑圧であると前述したが、解放と抑圧はまた場面によってささえられてもいる。同じ人でも、場面によって話すか話さないかが左右されてくる。学級ＰＴＡなど、教室の中で行われている間はいくら促しても勧めても発言がなされないのに、会が終わって教室を出たとたんに発言が活発になるということはよく見られる光景である。

こういうことは子どもたちにとっても同様である。同じ子どもが、授業中は黙然としているが休み時間になるとたんにはしゃぎ出して弁舌がなめらかになったりする。

これらは、いずれも発言や話し合いというものが場面の制約を強く受けることを物語っている。話せない子、話さない子と言われる子どもたちの中にも、その要因を場面的制約に求められる場合がある。

さまざまな場面によって子どもたちの話し合いの様相もまた多様になるが、ここでは、場面的要因の主なものを四つほどとりあげてみることにしよう。

(1)　公的な場面と私的な場面

話し方を左右する場面的要因の中で最も大きい比重を示すのが、公私による場面の違いである。

私的な場面では、だれでもくつろいで話すことができる。そこでは、言い間違えても、言い足りなくても、言い過ぎても、お互いに気心を知り合っているのでとがめ立てをされることがない。整理して話す必要もないし、黙っていてもよいし、話したくなれば口をはさんでもよい。話題がつまらなければ話題を変えればよいし、変わらなければその話し合いに参加しなくてもよい。

このように、私的な場面というのは一切が本人の自由に任されているのである。こういう場におかれれば人はだれでも喋り出すわけである。

一方、公的な場面ではいささか様子が変わってくる。必ず中心になって話を進める人がいて、ある一定の話題なり文脈なりに即して話が進行していく。その話題からそれることは許されないし、せっかく深まってきた話の筋道を逆戻りすることも許されない。そこでは、お喋りでなく「発言」をしなければならない。公共の場であるから自ずと時間的制約も受ける。したがって、発言は筋道を通して的確に、かつ手短になされなければならないことになる。

内容があいまいであれば質問をされ、誤りがあったり、別の立場があったりすれば、訂正を求められたり反論されたりする。それに答えずに黙っていれば、「何をぐずぐずしているか」と責められる。要するに、多くの人の前で本人の発言は裁きを受けることになるのである。

そんなことを考えると、考えただけで発言するのが億劫になってしまう。授業中はもっぱら沈黙を守り、休み時間になるととたんにはしゃぎ出すのは、公的な場面の制約から逃れて、私的な場面を満喫したい欲求の表れなのである。

この傾向は、子どもも、大人も同じであり、教師集団とて例外ではない。公的な場面での発言は考えてみるとなかなか面倒で負担になるものなのである。

公的な場面でも、あまり負担なく話せるようにするためには、それなりの話すことについての技能的側面のレベルアップが必要になってくるであろうが、これについては項を改めて述べることにしよう。なお、公的場面でも、私的場面でも、あまり意識しないで話せるようになるということと、公私をわきまえないということとは別のことである。この点の区別をしないと公的場面でもまるで我物顔に喋りまくる厄介者を育てることになってしまう。

(2) 得手な場面と不得手な場面

算数の時間にはさっぱりだが、社会科の時間になると活躍するという子どもがある。また、教科の時間にはさっぱりだが、学級会の時間には大いに発言するという子どももある。学級会でソフトボールの対抗試合の仕方を相談するなどということになると目の色が変わるという場合もある。これらは、要するにその場面が自分にとって得手の内容を持つか、不得手の内容を持っているかということによって生ずる違いである。

話題の中味について自分が熟知している場合にはかなり発言できるが、無知、未知の話題については黙っているほかはない。その意味では、場面というよりも話題的要因と言った方が適切かも知れない。

不得手な場面だけが連続すれば、その子は黙り続けることになる。子どもの特性、個性をよくとらえて、得手な場面と不得手な場面とを程よく按配しつつ話し合いを進めさせることが大切なポイントとなってくるであろう。

(3) 必要な場面と不要な場面

どんなに無口な子どもでも、どうしても言わなければならないことは言うものである。黙っていれば本人が困ってしまうからである。「あの子は必要なことのほかは一言も喋らない」などとよく言われる。自分にとって大して必要でもないことについては喋らない。それでも別段本人が困ることはないからである。

授業や学級会など、比較的公的な場での発言をしない子は、その子にとって、その場面がさほどの必要感を持っていないことによる場合が多い。逆に、たくさんの子どもが、それぞれの立場から活発に発言している授業では、教師の巧みなリードが、それぞれの子どもにそれぞれの必要感を持たせ得ている場合が多いのである。その意味では、それぞれの子どもにどのようにして必要感を持たせるかということが、指導上のひとつのポイントとなってくる。

6　対人的要因

相手がだれであるか、その場にどんな人がいるかということは、話し合いがスムーズに行われるか否かを大きく左右する。仲良しのグループの中では活発に話す子が、違うグループの中に入ると打って変わって寡黙になるということは往々にして見られる場面である。

また、楽しそうに話し合っていたところへ別のひとりが闖入したことによって、不意に気まずい空気が流れて雰囲気が白けてしまうということもある。話し合いがスムーズにいくかどうかということに関して、人間関係は非常に大きな要因となるわけである。いや、むしろ話し合いは人間関係の基盤の上に成り立つと言ってもよいであろう。話せる子、話す子に育てていくためには、この人間関係への着目は重要である。

話し合いは人間関係のうえに成り立つと同時に、反面、人間関係はまた話し合いのうえに成り立つという面がある。どんな話し合いを積みあげてきているかということが、どんな人間関係を育てるかということに大きくかかわるからである。このように、話し合いと人間関係とは、相互に相補いつつ、密接なかかわりを持ち合って伸びていくものである。

では、「話せない子・話さない子」にとって、特に重要なかかわりを持つと考えられる対人関係にはどのようなものがあるであろうか。ここでは、主な四つをとりあげて述べておこう。

(1) 親　疎

親しい者とは自由に話すが、疎遠な者とは話がはずまない。見知らぬ者同士は話しにくく、初対面の話はぎこちない。転校、転任、学級解体などの当初の、何となく押し黙った気づまりな一時期はだれでも経験しているところである。

家族の間では自由に話すが学校ではそうはいかないというのも、所詮は人間関係の親密と疎遠の問題である。子どもにとって、教室が話しやすいか否かは、学級の中の対人関係が大きくかかわってくる。担任教師との親疎関係、学級の中に置かれている本人の位置、日常の友人との心の通い合い、そういうものがその子にとってどう評価されているかが問題である。

だれともわけ隔てなく親密な感情で結ばれていれば、その子の心理は安定しており、特別の緊張を伴わずに自由に話すことができるわけで、その逆の場合は当然スムーズにはいかなくなる。

(2) 愛　憎

学級の中に反目し合う人間関係がある場合、その影響はかなり大きい。的確な発言をある子どもがした場合、その発言が的確なる故に全員の心からの拍手が湧くようであれば問題はない。

ところが、その発言が的確なる故にそねまれ反撥を買うという人間関係が部分的に存在する場合もありうる。これは、ちょうど小さなとげがささっているようなもので、体全体から見ればとるに足らぬ小さな部分でありながら、常にその人の気持ちをそこに引きつけ不快な刺激を与え続ける。学級の中に仲の悪い二人がいたとすると、この二人は両方とも発言を進んではしなくなる傾向がある。発言の内容が不適であれば軽蔑され、的確であればそねまれるということになりかねないからである。

この二人がそれぞれ別々のグループを作っている場合にはこの関係はいよいよややこしくなってくる。お互いのグループの勢力関係を気にしていれば発言がスムーズにいくはずがない。

話せない子・話さない子が、このようなことから生まれている場合もなくはない。よく、小学校でも中学校でも学級経営がすべての教育の出発だということが言われるのはまことに理由のあることである。

(3)　信　頼

どんな内容の発言であっても、また、技術的に拙劣な発言であっても、それらを決して軽蔑したり、物笑いにしたりしないという学級づくりがなされていれば、子ども同士の間に望ましい信頼関係が成り立つ。

信頼関係ほど子どもたちを安心させるものはない。子どもの本来というものは飾り気のない純真なものであり、よく喋り、よく笑い、よく動くものである。天真爛漫、無邪気というのは、他を気にせず奔放にありのままをさらけ出して憚らないということである。そういう子どもの本来像は、信頼関係の確立している世界でこそ十分に発揮されるものである。

逆に自教室内の失敗が隣のクラスにまで告げ口されたり、友だちの間の蔭口になったりするという一種の背信、裏切りが行われると、子どもの天真の気性も殻を閉じてしまうことになる。ひとりひとりの子どもの心の中に、学級への信頼を育み、保障してやることは、話せる子ども、話す子どもを育てていくうえにきわめて重要な問題である。

(4)　尊　敬

これは主として教師にかかわる問題である。教師は子どもにとって尊敬に値する存在でなければならない。尊敬の念は強いて育てるものではなく、自ずと子どもの中に湧いてくる感情である。

教師という存在は、子どもにとってはこの上ない観察の対象である。体のこなしからふるまいから言葉づかいから態度から、一切が子どもにとって有形無形の学習材料である。

公平であるか、表情豊かであるか、あたたかい人柄か、細やかな心の持主か、些事にこだわらぬおおらかさがあるか、これらのいちいちは、むろん子どもに意識されて検討されるわけではないが、それらのひとつひとつは明らかに子どもにとっての教師評価の材料であり情報である。

これらをトータルしたものとして、その子にとっての教師像ができあがる。その結果、その子にとって十分に尊敬に値する教師であるということになれば、その子は決してかたくなに黙りこくったりはしない。「話せない子・話さない子」にとって、教師との人間関係は非常に大きな影響を持つ。

とりわけ、尊敬の念は重要な意味を持つ。尊敬してやまない先生の言うことなら、子どもは素直にうなずき、自分の中にぐんぐんとり入れていく。

逆に、不公平な教師、監視的な教師、干渉過多ですぐ口出しをする教師、むやみに子ども同士を比較する教師、こういう教師にあっては子どもの尊敬は得られない。

子どもにとって、尊敬の念の湧かない教師と一年を過ごすことほど辛いことはない。こういう間柄になると、子どもはかたくなになり、口を閉じ、自分の世界にこもりがちになる。

話せない子・話さない子という、そういう子どもの状態、現象というものは、さまざまの要因の複合によって生じているのだが、それらの要因が、思いもかけぬ教師自身にも存する場合があることを、教師は忘れてはならない。

教師は、常に教える立場に立ち、子どもを教育の対象とする。そういう意識を長く持つうちにいつか習い性となって、子どもの望ましくない状態のよって来たる原因は、すべて教師の外側にあるものと錯覚しやすい。燈台の下暗しというように、脚下の悪に気づかぬ場合が多い。

教師の教育の対象は、子どもであることはむろんとして、もうひとつほかならぬ教師それ自身でもあることを忘れてはならない。

子どもをよく導くためには、子どもをどうするかと考えると同時に、その教育者としての己れをどうするかということを絶えず追求していかなければならない。

話せない子・話さない子にとって、教師に対する尊敬の念の有無、程度というものは非常に重要である。また、尊敬というものは、「尊敬しています」というような言葉ではなく、子どもの心の奥底に沈んでいる感情だということも承知しておく必要があろう。

7　家庭的要因

言うまでもなく子どもの言語の習得は家庭から出発する。子どもの言語習慣の基礎は家庭で培われるものである。

誕生したその時から、子どもは言語というものに接し始める。むろんその理解はできないが、親は、子どもが言葉を理解できないことを承知しながら、何十回、何百回となく同じ言葉を子どもに投げかける。理解を前提として言葉を投げかけるのではない。いわば、理解にお構いなく言葉を投げかけ続けるのである。

そして、ある時突然子どもは乳という実体とウマウマという言葉を結びつけ、その時から、乳を欲しがるときにはウマウマという言語を使用するようになる。こうなるまでに、一体どれほど数多く親はウマウマという言葉を子どもの耳に送ることであろう。

幼児期の言語習慣の形成に最も大きな役割を果たすのは通常母親である。母親の発する言葉が慈愛にあふれ、やさしい笑顔を伴って子どもに与えられ続けるならば、子どもは安定した感情の持主となり、やさしい言葉を身につけていくことになろう。

また、仮に母親の発する言葉がいつも投げやりでとげとげしく、荒々しいものであれば、子どもの心は常に不安定な動揺を続け、当然のことながらとげとげしく荒々しい言葉を身につけていくことになるであろう。

子どもの言語習慣形成の場として家庭が重要であるのは幼児期に限ったことではない。日常生活の最低限の言語を獲得した子どもたちは、徐々に思考のための言葉や思考の道筋を身につけていく。生理的欲求の表明のみの言語から抜け出して、「これなあに」「どうして」「なぜなの」という質問が頻繁に家族の者に向けて発せられるようになる。

このような段階に入ったときの親の対応の仕方は非常に子どもの言語形成のうえに重要である。極端な場合、一切これらを無視して何も答えなかったら、子どもの知的言語の発達は著しく阻害される。

言語は第一章でも述べたように伝達の機能あるいは思考の機能、認識の機能というような重要な機能を担っている。このような機能を十分に発揮するためには、発達段階に即応した望ましい言語習慣の形成が図られなければならない。その言語習慣の形成の基礎である家庭の言語環境が貧困なものであれば、子どものその後の認識活動、思考活動が十分なる発達を遂げ得ないであろうことは言うまでもない。

話せない子・話さない子の指導に当たって、その要因のひとつが家庭にもありはしないかという検討は欠くことができない。また、学校で力を入れて子どもの話す力を高めても、それが家庭の無理解、非協力によって実をあげ得ない場合も多い。子どもの話す力を高めるには、家庭との密接な連携プレーが是非とも必要である。

第四章　教室指導のあり方

一　教師の役割

1　最大の環境

教室環境という言葉がある。花をどこに飾るか、児童作品をどこにどう陳列するか、学習資料として何を用意するか、背面黒板の効果的利用をどうするかといったことを問題にすることである。これらの内容や配置の検討が子どもの学習進行に大きくかかわりを持つというわけである。

むろんこれらも子どもにとって大切であろう。しかし、その大切さはとても学級担任の大切さとは比較にならない。いわゆる教室環境をどんなに有機的に構成しようとも、所詮それらは静的物体に過ぎない。それは子どもの側から働きかけて初めてある作用を生ずるに過ぎない。

教師は、自ら目的を持ち、計画を立て、機能的に子どもに働きかけ、その効果を絶えず判定し、反省し、さらに前進を目指して次のプランをうち立てる。教師の能力、識見のありようは、直接に子どもの教育を左右する。まさに人材が選ばれ確保されなければならない所以である。

教師は生きて働きかける最大、最重要の教育環境であり、同時に常に子どもによって学ばれている手本でもある。話せない子・話さない子をどのように導いて話せる子・話す子に育てていくか、それはまず何よりも担任の教師の肩にかかっている。話せない子・話さない子をそのままに放置して、話せる子・話す子だけを相手にして授業を進めてしまうのも教師であり、話せない子・話さない子に特に目をかけて、ほかならぬその子どもたちを話せる子・話す子に育てあげていくのもまた教師である。

子どもに明るい希望を持たせて励ませるのも教師であれば、失望と落胆を与え意気消沈させるのもまた教師である。教師は、大袈裟に言えば子どもに対して生殺与奪の権を握っていることになる。教室で子どもにとって教師ほど重大な存在はない。

では、話せない子・話さない子に対して、学級の担任としての教師はどのようにかかわっていくのがよいのであろうか。この問題について特に重要と思われるいくつかをとりあげて考えてみることにしよう。

2　明るさとユーモア

暗い表情でいつも下を見ながら歩き、滅多に笑わないような教師に受け持たれた子どもたちは悲劇である。いつもにこにこして子どもと接する教師は子どもの心を明るくする。

明るい表情というのは、暗く沈んだ心からは生まれない。心そのものが健康で快適なとき、表情は自ずと明るくなる。常に明るい表情を保つということは、常に心そのものを健康に保つことであり、それは決してやさしいことではない。

言うまでもなく担任もまた人間であり、その日、その時により辛いこともあり、癪に障ることもあり、苦しいときもある。そのような外界の刺激に対して常に心を平静に保てるということは立派なことである。生まれつきおおらかで心の広い人ならば特別の努力も要らなかろうが、世俗のおおかたの凡人はそうはいかない。凡人は修養によって自分を高めていかなくてはならない。しかし、それは教師の当然の努めである。

子どもにとって、教師のにこやかな表情ほど心を明るくしてくれるものはない。お天気屋さんと言われるような感情の起伏の激しい教師は子どもの心をも不安定にする。子どもは、目ざとく教師の顔色を読むようになり、教師の顔色に合わせて行動を選択するようになる。

このような教室の子どもは、いつも伸び伸びと話し合うというわけにはいかない。不機嫌な教師を恐れる子どもは口を閉じる。こうして話せない子、話さない子が生まれてくることになる。子どもがいつも心を開いて教師に接しられるためには、教師の日常のにこやかさが非常に大きな意味を持ってくる。

ユーモアというのは、上品な笑いというような意味である。思わず笑いがこみあげてくるようなあたたかみのあるおもしろさである。

笑いというのは人間に固有の行動だと言われている。ユーモアというのはヒューマーということであり、人間味というような意味でもある。人間的な楽しさは笑いを生む。笑うということは楽しさ、うれしさの表出行為でもある。苦しくて、辛くて、悲しいときに笑う人はいない。笑いを誘われるということは楽しさをとりもどすことであり、心に明るさを回復することである。

ユーモアに富んだ教師の教室には和やかな明るさが漂い、楽しい笑いが絶えない。そういう教室では、子どもの心は伸び伸びとしている。抑圧されていない。とげとげしい心がなくなり、おおらかな気持ちになる。心が解放されれば気楽なお喋りはつきものである。こういう教室では、話せない子・話さない子はほとんどいない。どの子もみんな明るい表情で屈託のない話し合いが続く。

子どもの世界にも、苦しいこと、いやなこと、辛いこと、悲しいことはある。子どもの心もやはりその日、その時によって揺れている。沈んだ暗い気持ちに心がふさぎこんでしまうこともある。そんなとき、そんな表情を素早く読みとるベテランの担任は、巧まざるユーモアで子どもの心のかげりを吹きとばしてくれる。子どもの表情にはたちまち笑いが広がり明るさがよみがえる。

話せない子・話さない子のおおかたは、心の中に何らかのわだかまりがあって、本来の表情が抑圧されていることに原因がある。そんなとき、教師のあたたかなユーモア、柔和な表情が子どもの心をときほぐしてくれる。話せない子・話さない子にとって、教師の明るさ、ユーモアは大きな救いである。

したがって、教師は辛いこと、悲しいことがあっても、せめて子どもの前に立つときにはそれらを腹の底に畳みこみ、笑顔でいられるように努めるべきである。それが子どもへの愛情というものであり、子どもの話し方を育てることにもつながっていく態度でもある。

3　心の広さと大きさ

成長発達の途上にあるのが子どもである。さまざまな失敗や間違いを重ねて、徐々に人間が形成されていくのである。言いつけておいても守れない、やろうと思っていても忘れてしまう。興に乗ればはめもはずす、それが子どもの特徴であるとも言えよう。

それらのいちいちに目くじらを立てて叱責されていたら子どもはたまらない。ましてやそのいちいちを長く忘れず、果てはその子どもに特定のレッテルを貼りつけ、先入観を持ってしまうに至ってはその子どもにとってはまったくやりきれまい。

子どものさまざまな失敗や誤ちを、ほかならぬ子どもらしさととらえて、失敗や誤ちがあるが故にかわいいというようなわかり方をしてくれる教師が子どもには歓迎される。客観的には明らかに間違いであり、失敗であるにもかかわらず、それを大きく包みこんでくれるような心の広さと大きさを子どもたちは教師に期待しているのである。

心の広さ、大きさということは、別の言葉で言えば包容力ということである。包容力のない教師は小さなことにいちいち神経をとがらしている。教師の心が不安定であるから、それは子どもの心のありようにもたちまちひびくことになる。子どもは、絶えずびくびくしながら教師の顔色を覗うようになる。教師を恐れるようになり、教師を避けようとする。そういう中では子どもは心を閉ざし、当然のことながら口も閉ざす。こうして、新たな「話せない子・話さない子」が生まれることになる。

包容力があるということは、無神経でいいかげんで放任であるということとは違う。厳しい教育観を持ちながら、基本的に子どもを愛するが故に失敗や誤ちをひとまずすっぽりと包みこむということである。そうしておいてからじっくりと指導を加えるのである。指導を加えずに捨てておくというのではない。反射的に、衝動的に、感情的に子どもに対することはしないということなのである。

こういう教師に教えられる子どもは、大きな安心感に支えられている。常に安定した心持ちでいられる。大船に乗った心境でいられる。こせこせした気持ちにならないから伸び伸びと子どもらしさを発揮できる。話せない子・話さない子は、こういう中からはふつう生まれない。教師の心の持ち方、子どもへの接し方が子どもの話す力を育てるうえに大きな要因となることを私たちは改めて考えてみる必要がある。

4　手だてを教える

子どもの話し方に対して、指摘や注意や注文はするが、後はそれっきりという教師が意外に多いものである。「簡単すぎる」「話し方が長すぎる」「話がわからない」「くどい」というような指摘はするが、「どうすることが詳しく話すことなのか」「どうすれば、話が短くなるか」「わかりやすく話すにはどうするのか」「くどくない話し方というのはどういう話し方なのか」ということを、わかりやすく具体的に子どもに教えてくれる教師は案外少ない。

話すということほど練習の機会に恵まれている活動は少ない。小学校生活の六年間だけを考えても、教室で子どもたちはどれほど話すチャンスがあるか知れない。効果的な指導が成り立つなら、どんなに話すことの不得手な一年生の子どもであっても、六年間に及ぶ教育の中では、よほど上達しなければならないはずである。

ところが事実は必ずしもそうはなっていない。いろいろな理由があるだろうが、指導の仕方が悪いということは当然考えなければなるまい。実際、話し方というものはほとんど指導されずに過ぎてしまいがちである。話すという活動はたくさんさせている。子どもは六年の間には何千回、何万回と話してはいる。しかし、そのうち何回「指導」されているだろうか。注意されたり、指摘されたりすることではなく、本当の意味で「指導」をされるということは、残念ながらきわめて稀である。

指導するということは、簡単に言えば、ヒントを与え、それに従って言い直させ、きちんと評価をし、できがよくなければさらに別のヒントを与え、言い直させ、練習させ、望ましくできるまでやり直させることである。ここまでやれば、子どもは話し方の良し悪しを身を以って区別できるようになる。よい話し方の技術を確かに身につけることができるようになる。

しかし、残念ながらここまでは教えない教師がほとんどだ。単なる「話す」という活動が高まりのない水準で何十回も何百回も繰り返されているに過ぎない。したがって、当然のことながら子どもの話す技術は高まっていかないのである。話せない子・話さない子を、話せる子・話す子に育てていくためには、よい話し方の手だてを教師が具体的に教えなければならない。

5　触れ合い

話せない子・話さない子は、とかく友だちとも教師とも疎遠になりがちである。一般に消極的で内気で控えめであるから、どうしても他人との接触のチャンスが少なくなるのである。接触のチャンスが少なければそれだけ社会性を高めることもできにくく、そのことがまた触れ合いの回数を少なくするという悪循環を生み出すことになる。

そこで、とりわけ話せない子・話さない子に対しては教師の積極的な触れ合いが必要になってくる。子どもにとって、教師とのあたたかい触れ合いができることほど嬉しいことはない。これによって心が安定し、学校の生活も楽しくなるのである。このことは、どの子どもにとっても共通した願いである。いわんや話せない子・話さない子にとっては、教師の側からの触れ合いがどんなに大切なものであるかは推して知るべしである。

触れ合いには、体の触れ合いと心の触れ合いとの二つがある。それぞれが所を得てとり入れられることが必要である。

体の触れ合いというのは、直接身体との接触を図ることである。子どもの作る詩や作文には、先生に頭をなでられたことの喜びや、抱きあげられたことの嬉しさがよく書かれているが、これらは、人間と人間との最も根源的な触れ合いなのだということができる。言葉を介するという文化的な触れ合い以前の、その意味では動物的な触れ合いである。それは、知能や性格や立場というような分析的な観念を超えて、どの子にも理解でき、体験できるまさに根源的な触れ合いなのである。

これについて忘れられない授業場面を思い出す。感想文を次々に発表していく授業であった。何人めかの女児が読み始めたとき、そのたどたどしい読み方に、参観していた先生方は一様に戸惑いの表情を浮かべた。あんなに下手な読み方の子どもに、研究授業の場でわざわざ読ませなくたっていいではないか。時間もかかるし、恥をかかせることにもなる。学習の効率も下げる。学習の流れも中断する。教室の雰囲気も白ける、というようなことをだれしも瞬間的に頭の中に思い浮かべたのであろう。

しかし、担任の女教師は、静かにその女児のそばに寄っていった。つかえると、小さな声で正しい読み方を教える。これだけのことでも、いく分か女の子の読みは落ち着いたかに見えた。それは束の間のできごとではあったが、教室の中に一瞬の安堵が生まれたようであった。

しかし、女の子の感想文は決して短いものではなかったので、再び読みにあせりが見えて、つかえる回数がやや多くなったようだった。このとき、担任の女教師はその女の子の肩に軽く手をかけた。すると、女の子の読みは再び落ち着きをとり戻し、担任の女教師に肩を抱かれたまま、無事おしまいまで自分の感想文を読み終えたのだった。そのとき、期せずしてクラスの中に拍手が起こった。拍手をする子どもたちの表情は明るかった。女の子の朗読は、長いようには思われても数分の間のできごとであったに過ぎない。しかし、私はそのわずかの時間のできごとに大きな感動を覚えた。後刻授業をめぐる話し合いの席上、その女の子が吃音を持った子どもであることが報告された。これを聞くに及んで私の感動はさらに大きなものとなった。

浅薄な常識に従うなら、この子は指名されない方が無難である。その方が、授業としてはすんなりとよどみなく流れていくにちがいないのである。しかし、日常吃音のためにとかく自信を失いがちなこの女の子を、研究授業という衆人環視の、いわば晴れの舞台に立たせ、立派に読みおおせたということはたいへん貴重なことであると私は思う。どんなにかその女の子にとって、これは忘れ難い思い出となる貴重な体験ではなかったか。また、吃音を持った子であることを百も承知であえて指名し、肩を抱いて最後までいたわるという担任教師のあり方そのものがクラスの子どもにとっても大きい教育となるであろう。授業があって教育がない、などとうわさされる中にあって珠玉のような一場面であった。

この授業では、要するに担任のあたたかい心から生まれた体の触れ合い、つまり、スキンシップが功を奏したのだと言うことができよう。

スキンシップ、いわゆる肌の触れ合いが大切なことは、特に子どもを育てる親の場合に強調して説かれている。子どもを胸にだきかかえ、自らの胸を開いて乳房を子どもに含ませるという行為を通して子どもの安定した情操が養われていくということはもはや周知のことであるが、この原理は、単に親子に当てはまるのみならず、広く人と人との結びつきを育てる上にも間違いなく当てはまることである。

頭をなでてやること、肩をぽんと叩くこと、手で触れること、握手すること、肩をだいてやること、低学年であればだきあげてやること、また、子どもとすもうをとったり、プールの中で直接その子の体を支えてやることなど、一見、話す力を育てるうえには無関係のように思われながら、これらは話せない子・話さない子のかかえている潜在的な淋しさをどれほど癒し、補い、力づけることになるかわからない。話すことの指導が、単に表面的な技法のレベルで論じられるのではなく、このような根源にまで立ち入って考察されることが重要なのである。

触れ合いのもうひとつの側面は「心の触れ合い」である。体の触れ合いが直接的な本人との接触を意味するのに対して、心の触れ合いは言葉による間接的な触れ合いである。体の触れ合いが動物的、根源的なものであるのに対して、心の触れ合いは、人間的、文化的なものである。

子どもは、担任の先生からもらった手紙は、他の人からの来信よりもずっと大切にする。親の言うことよりは担任の言葉の方が力を持っている。「先生が言ったんだもの」という子どもの言葉の前には、おおかたの親が兜を脱がざるを得ない。先生の言葉の力はまさに絶大である。この絶大な言葉の力を大いに活用して子どもの善導を図るべきである。

先生が話しかけてくれた、声をかけてくれたということは、子どもにとってたいへんな喜びであるらしい。それは、どんなに短い時間であるにもせよ、数多い子どもの中からとりわけその子を選んで、その子に向けての触れ合いを持ったということを意味する。これによってもたらされる子どもの喜び、自信、親愛の情は非常に大きいものがある。だから、時々は、挨拶ひとつ、「やあ」の一言で、もやもやとわだかまっていた気持ちが消し飛んでしまうということさえありうるのである。

病気で休んでいる子にちょっと電話をかける、あるいは見舞いの葉書を出す、そんな小さなちょっとの心がけが大きな深い触れ合いとなるものである。そして、こういうちょっとの触れ合いというものは、決して小手先の技法から生まれるものではなく、やはり教師の人生観、深い教育愛からにじみ出てくる行為なのだということを認識する必要がある。

毎日子どもに日記を書かせては熱心に赤ペンを入れている教師がある。これは、作文能力を高めるためというよりは、むしろ子どもとの人間的な触れ合いを求めての行為と見るべきである。だからこそ、赤ペンの内容は、作文上の注意ではなく、子どもがそこに書こうとしたことがらについての教師の共感や感想や励ましや意見であることが多いのである。

このような心のこもった触れ合いによって子どもも徐々に教師に心の扉を開いてゆき、それによって情緒も安定し、信頼が育ってゆく。一見迂遠なことのように思われはするが、実はそういう総合的な親しみの中からこそ、「話せない子・話さない子」の真の教育がスタートするにちがいないと思うのである。

心の触れ合い・体の触れ合いが、ともどもに時と所を得て渾然と融和してなされるとき、「話せない子・話さない子」の問題も大半は解決してくるのではないかと思われるのである。

二　学級の役割

1　学級の雰囲気

くつろいだ雰囲気の中ではくつろいだ気持ちになれる。くつろいだ気持ちになれれば発言もまたくつろいでできる。雰囲気の良し悪しは、そこに居合わせる人々の心理に微妙な影響を及ぼすことになる。

雰囲気という言葉の作用にきちんと説明を与えているのは、平凡社の心理学辞典である。

「自然環境としての風土が、そこに住む生物の生態を特色づける一般的背景となっているように、特定の社会や集団を支配している雰囲気は成員たちの行動様式を枠づける共通な背景として作用する。ふつう成員たちの行動は、そのような背景に順応するような仕方で生起する傾向が強い。特定の社会風土がひとたび形成されると、それは容易に変化せず、むしろますます強化されて、持続的な影響を及ぼすことが多い。」

また、集団雰囲気の生成について岸田元美氏は次のように述べている。

「集団の構成員は、意識することなくして雰囲気の影響を受け、同調行動をとるのである。したがって、それは集団がその構成員に及ぼす集団圧力である。

かような雰囲気は、その集団が集団としての活動を持続するうちに自然にできあがってくる。作ろうとしても容易にできるものではないし、逆に作るまいと思っても、いつの間にかできあがっているものである。そうして、一度できあがると、それが人々を拘束してかかるのである。」(「児童心理」二五二号、六二ページ)

この二つの引用からもわかるように、学級の個々の子どもはかなり強く、学級の雰囲気によって行動様式を規制されるのである。

学級の雰囲気にはさまざまなものがある。くつろいだ和やかなもの、黙りこくってどことなく冷ややかなもの、固苦しいもの、ざわついているもの、つながりがばらばらなもの、しっくりとしているものなど、まさに多様である。そして、この学級の雰囲気が作られていくときに最も大きく関与するのは、言うまでもなく担任教師の気質、性分、人柄、人生観などである。

ところで、このような学級の雰囲気は、どのように子どもの話し方のうえに影響を及ぼすであろうか。

たとえば、話すことを阻むことがらとして、

・他の人にとやかく言われてしまう
・あとからからかわれる
・いじめられる
・まじめに聞いてくれない
・すぐ反対されてしまう
・「聞こえません」という言葉がいやだ

というようなことがらをあげることができるが、これらはすべて、学級の中の自分以外の人がとる行動に対する自分の反応である。こういうことが事実として多く見受けられる学級では、「話せる子・話す子」は育ちにくい。

また、

・笑われないか
・いじめられないか
・反対されないか
・言いふらされないか
・文句を言われないか
・話の種にされないか
・陰口をきかれないか

というような思わくは、学級成員に対する一種の警戒観念である。本人の取越苦労ならば何のことはないが、十分に

根拠のある心配である場合は学級の雰囲気の改善が必要である。

現在の学級にどういう学級雰囲気が形成されており、それらが個々の成員にどのような働きかけをしているのかということを、担任としては診断し把握しておく必要があろう。そして、「話せない子・話さない子」が生まれないように、気さくで自由な学級の雰囲気づくりに努力しなければならない。

2　基盤としての学級経営

前述のような学級の雰囲気を作りあげていくのが日常の学級経営そのものである。学級経営とは、授業を除く一切の学級に関する働きかけである。あいさつの仕方、席の並べ方、グループのつくり方、そうじのさせ方、健康管理、楽しみ会の運営、学級会のもたせ方、作業の分担、役員の組織、構成等々の一切である。

授業は学級経営そのものではないかと言われればちょっと困るのだが、一応授業は授業として別枠にしておく方が話を進めるうえには便利である。便宜的にひとまず脇におくことにしよう。

学級経営とは、前述のように子どもが学校で学級の単位、あるいは成員のひとりとしてかかわるすべての行動に関与して、それを善導する営みである。ほめ方も、叱り方も、教え方も、さとし方も、一切が学級経営そのものであり、それらのもろもろの営みと個々の子どもが触れ合う中で、学級経営は進行していく。

したがって、学級経営のあり方は子ども同士のつながりや、志気の昂揚を大きく左右すると言うことができる。そういう意味で、学級としてのあらゆる活動の基盤となるのが学級経営なのである。

よい学級経営がなされているところでは、子どもの協力や団結がよく、規律もきちんと守られている。そういうクラスには陰口や告げ口は少なく、友だちの失敗もあたたかく認め合い許し合っていく風土が生まれている。こういう中では子どもたちが自由に心のうちを述べ合うことができ、ひとりひとりの子どもが伸び伸びと活動している。

学級経営をどのようにするかは、一にかかって教師そのものにある。子どもに尊敬されると同時に親しまれ、子どもひとりひとりの個性をとらえてよく掌握し、ある程度の厳しさと、適度のおおらかさとを調和させた、そういうベテランの域に達するまでには、相応の修練が必要である。学級経営そのもののあり方について述べるのは本書の任ではないのでここではこれ以上触れることはしない。別の書物によってよりよい学級経営を目指してほしい。

ここでは、「話せない子・話さない子が生まれてしまうこと」、また、そのまま存在し続けることが、学級経営そのもののありようと大きくかかわっているのだという事実を指摘しておけば十分であろう。

学級経営には、組織およびその運営の技法的な側面と、それとは別の人格的な触れ合いの側面との二つがあるが、ここで問題にしているのは組織論のありようではなく、むしろ、成員相互の間にどんな人格的な触れ合いが生まれているかという側面である。別の言い方をするならば、学級における人間関係がどのようになっているかという問題なのである。

学級内の人間関係に常に目を配り、それを健全で楽しいものにしていくためには、単に授業場面のみならず、掃除の場、遊びの場、諸行事の場などで、個々の子どもの役割がどのように実践され、あるいは変えられているかを教師がとらえていく必要がある。

教師の前ではよい子でおとなしい子であるが、蔭に廻ると隠然たる勢力を持ち、他の子どもに圧力をかけるというような子どももいる。授業などでは活躍するのに、子どもの世界では役割のとり方がわからずのけものにされてしまう大人っぽい子どももいる。乱暴な言葉で感情をむき出しにして、話し合いながら圧力で友だちを屈服させようとする子もいる。こういう類いの子どもを生み出さないようにすること、こういう類いの子が生まれそうになったらいち早く発見して矯正するような、教師の心配りがなければならない。学級の中にあたたかい人間関係を常に維持できるように努めることが話す力を育てるうえからは重要になる。

3 話し言葉を育てる要素――学級づくり・指名・なぜか?――

(1) 「教室環境」私見

教室環境という言葉の意味を、いわゆる掲示物や視聴覚器材に限定することなく、子どもの話し言葉に影響するすべてのものととらえたい。教師の話し言葉、身ぶり、手ぶり、イントネーション、表情などまでを含めて「教室環境」ととらえたい。さらに、子ども相互の話し言葉、話し言葉を生む場面や状況までも含めて考えたい。子どもの話し言葉を育てようとして子どもの周囲を見廻せば、当然これらの諸々を環境として考えた方がよい。

例えば、ある高学年のクラスでは、男子は授業中でもよく発言するのだが、女子となるとほとんど発言が見られないという状況があった。学年主任が不審に思っていろいろと探りを入れてみると、意外なことが判明した。女子の中にいくつかのグループができていて、それぞれのリーダー格の間に微妙な反目が存在し、それが心理的な牽制となって女子のほとんどが沈黙を強いられていたというのである。これでは「話し言葉が育つ教室」にはならない。つまり、子ども同士の人間関係、学級づくりの良否が、そのまま「話し言葉」を左右する「教室環境」であったのだ。

(2) 話し言葉を育てる教室の明るさ

特別の事情がない限り、子どもというものは無邪気で、明るく、お喋りである。本来的に子どもというものは、そういう共通性を持っている。だから、もし、クラスの子どもたちが思うように発言をしてくれないとしたならば、それらは何らかのプレッシャーが、彼らの本然の姿を歪めてしまっているのだ、というように考えた方がよい。子どもの姿を責めるのでなく、教師の側のあり方、授業の不適、不備を反省してみる方が望ましいのである。

例えば、発問の意図が子どもによくわからないような、吟味不十分の表現で問いを発すれば、子どもたちはたぶん発言をしないだろう。何を答えたらよいのかわからないのだからこれは当然である。教師からの発問は、常に簡潔でなければならない。そうすること、そのように努めることが「話し言葉が育つ教室環境づくり」の一法なのである。

また、先にも述べたような子ども相互の反目が生じていれば、彼らは口を噤んで身を守ることに腐心するであろう。反対に、担任を初めとして、子どもたちのだれもが明るくふるまえる伸び伸びとしたクラスであるならば、授業中の話し合いも盛んになされるにちがいない。一見、直接のつながりがないように思われる話し言葉とクラスの雰囲気とが、実は密接で、直接的なつながりがあることに気づくべきだ。

よい授業をしようと思ったら、日頃からよい学級経営をしておかなくてはいけない、とよく先輩に言われたものだが、同じように、よい話し言葉を育てようと思ったら、日頃からよい学級経営をしておかなくてはいけない、ということが言える。

(3)　指名によって話す場を作る

各所で授業の公開研究会が開かれている。授業公開の後には決まって協議会が設けられる。司会者は、多くの場合、「どんなことでもご自由に、遠慮なくご発言下さい」とか、「こちらから指名するのは失礼ですから、皆さんの方から」などと働きかけるのだが、さっと手が挙がってすぐに話し合いに入るということは稀である。自分から進んで手を挙げて真っ先に質問するなどということは一般的にはないとみてよい。比較的積極的だと思われている私でさえ、自ら進んで手なんか挙げたことはほとんど記憶にない。

ところが「では、恐縮ながら指名を――」ということになって発言を求められれば、まず十中八、九の人は求めに応じて発言をする。私もまた、求められてもなお黙っているという非礼はほとんどしない。つまり、人は何らかのきっかけを得ればたいてい話し始めるものなのである。

この原理を教室に応用するならば、授業中、教師は努めて多くの子どもを指名し、発言のきっかけを作ってやることが大切だということになる。好ましい契機さえあれば、話す行動を起こしたいという潜在欲求を持っている子どもはたくさんいる。いや、もっとはっきり言えば、すべての子どもがそういう潜在期待を持っていると考えてよい。

このような観点から見ても、挙手した子どもを指名しながら授業を進めるという「挙手――指名方式」は、望ましい授業形態とは言えないと断定してよいわけだ。これに対して、私は常々、「作業――巡視――指名方式」を提唱してきている。この方式は、一言で言えば「子どもにノート作業を命じ、その実態を巡視によって把握し、指名すべき子どもを教師が決める」というものである。

巡視によって、指名した場合に答えるであろう内容を教師があらかじめとらえておくことは、子どもにとって安心である。ノートに書いてあることを答えればよいのだな――、と子どもは察しをつけているのだから気が楽になるわけだ。そういう一種の信頼関係が子どもの発言に自信を持たせ「話し言葉が育つ」ことになるのである。だから、教師の指名の技術もまた「話し言葉が育つ教室環境」たり得るのである。

挙手を待って指名をするという方式を努めて排除し、小刻みなノート作業を命じては小まめ、足まめに机間巡視をし、その実態に基づいた指名をし発言を求めるようにしたい。

(4)　「なぜか」という問いを基本に

賛成か反対か、正答か誤答か、好きか嫌いか、肯定か否定か、というようなことがらは、いずれも問われた者に判断を求めているものである。判断そのものは、その当否を別にすればだれにだってできる。だから「判断」を問うだけの授業では「話し言葉が育つ」ということにはならない。また、判断力だって実は育ちはしない。いいかげんな態度であっても「判断」だけならできるからである。

大切なのは、自分の判断に根拠づけ、理由づけ、意味づけをすることである。「なぜか」と問われれば、筋道立てて自分の判断の正当性、妥当性を述べなければならなくなる。また、判断に対立の生ずることはしばしばあるのだから、自分の判断が何故に正当であり、相手の判断がいかに当を欠くものであるかについて、理路整然と主張し、論評できるようにすることが大切である。

教師は、授業の中でも、特活の話し合いの中でも、努めて頻繁に、常に機会をとらえて「なぜか」という問いを発して子どもたちにその答えを迫るべきである。そのことによって子どもたちの「話し言葉が育つ」ことになる。私は、常々子どもたちにも、同僚教師にも「なぜかに強くなれ」と言い続けてきている。また、それを授業の中で実行してきている。「説明できる」ように求める話し言葉の育て方が大切だ。

三　家庭の役割

1　言語環境としての家庭

家庭の養育態度が子どもの言語能力を育てるうえに大きな影響力を持つことについてはこれまでにも度々触れてきた（第二章の四、第三章の三）ので、ここではごく簡単に教室指導の効率を高めるうえでの家庭の役割をどのように考えるべきかを述べることにしよう。

「話せない子・話さない子」の要因が、最も大きく家庭にあると判断される場合、それを学校という場のみで解決しようとしても無理なことである。この場合は、当然家庭そのものの言語生活を改善することが先決問題である。

多弁な母親がいつも子どもの発言の代行をしてしまうために、子どもは一語も喋る必要がないという家庭にあっては、まずこの母親の態度を矯正しなければならない。子どもが何を言っても、それをあたたかく聞いてくれる構えがまったくないような家庭では、子どもの話す能力は育たない。そういう家庭の冷淡な態度を改めることが急務である。

このようなことから考えても、子どもの言語環境として、いかに家庭が大きな役割を担っているかを親も教師も深く認識する必要がある。これは、子どもの話す能力が低いのはすべて家庭の責任であるというような意味ではない。子どもの言語能力は第三章で詳述したようにさまざまな要因の複合体として成り立つものであるから、その責任を家庭だけに帰するのは当然誤りである。また、同様の意味でむろん学校だけの責任とするのも誤りである。主たる要因がどこにあり、その他の要因がどこにあるか、それらを探りながら子どもの能力を育てていくことが大切なのである。

2　協力者としての家庭

子どもの指導にとって大切なことは、心の安定を持たせることと、指導に一貫性を持たせることとである。教師の意図や努力が、家庭でも認められ、支えられ、協力されるとき、子どもの心は安定し、その指導の一貫性に納得をする。いかに教師が一生懸命話す子にしようと努力しても、その努力が家庭から一顧もされず、関心を持たれなかったとしたら、その効果は半減するにちがいない。もっと極端に、話せる子・話す子に育てていこうとする積極性が家庭にない場合には、教師の努力をむしろいらざるおせっかいと解するであろう。これでは、学校でほめられたことが、家庭では叱られる、あるいは無視されるということになってしまう。

子どもにとっての喜びは、学校で認められたことが家庭でも認められ、学校で注意されたことが家庭でも同様に注意を受けるということである。話せる子・話す子に育てようと思ったら、そういう教師の指導方針をよく家庭に伝え、協力をしてもらうことがきわめて大切である。

子どもが、よい発言をしたときなど、ちょっと家に電話をするとか、一筆の便りを持たせるとかする教師の心づかい、家庭との連絡への配慮が、実に思いがけない大きな効果をもたらすものであることを承知するべきである。

3　集金のお金の貰い方

(1)　自動振込から現金集金に

時代に逆行するようだが、学校で集める諸費を自動振込方式から現金集金方式に改めて半年程を経た。集金は毎月原則として十日と定め、集金は千円単位にしたので、担任の手間もほとんどかからないうえに、何よりも滞納者がいなくなって助かった。このメリットは大きい。

自動振込方式の下では、口座にお金を振り込んでくれなければすべての事務が停滞してしまう。それをくぐりぬけようとして立替払いをしておくと、今度はその立替金の回収が中々できない。ひどい場合には、給食費も、学級の諸費も、半年も滞納しておいて転校してしまうというような例もあって、とうとう今回の方式に踏み切ったのである。

結果は上々、一切の滞納が解消し、その日その日に全ての事務が整理されるようになった。職員一同、このことを大変喜び、私も思い切った改革をしてよかったと考えている。しかし、その喜びの中身というのは、事務的なトラブルがなくなった、という一点にのみあった。そういう見方しかできなかったことを、今にして恥ずかしく思っている。

(2) 父親の存在を知るきっかけに

保護者数人と気のおけない雑談をしていた折のこと、談たまたま現金集金に及んだ。あるお母さんが、

「現金集金にして頂いたお蔭で、お金のありがたさを子どもが考えるようになりましたよ。それから、父親の存在もはっきり意識するようになりました」

と思いがけないことを言われた。私は、身をのり出した。

「自動振込のときには、子どもはお金というものの姿を見ていませんでしょう。どこでどう使われているか、自分が育っていくのに両親がお金を一生懸命稼いでいるなんてことが実感できないわけですよ、振込では」

「それが、現金集金ということになりますとね、私の手許にないときにはお父さんのところに貰いにいくことになるわけですよ。両方合わせてやっと集金に間に合うというような姿が子どもの目に見えるようになりましてね、お父さんの働いている意味や、お金を手に入れる苦労が少し理解できたようなんです」

現金集金に切り替えたことの効用を、手間と、事務と、経済という事務処理レベルでしか考えていなかった私にとって、これはまったく頂門の一針とも言うべき啓示となった。私は、現金集金方式の生む教育的意義について、まったく配慮を欠いていたことを恥ずかしく思った。

(3)　お金を親から貰うときの子どもの言葉は

一体子どもはどんな言葉で親から集金のお金を貰うように頼んでいるのであろうか――そこのところを、してみると――、指導は全然していなかったけれど、さて、真相は如何なものか。――私は、早速職員会議の後で、先の母親の発言を伝え、子どもが親にどんな言葉で集金のお願いをしているかの調査をお願いした。

早速、いくつかの学級からその調査結果が届けられてきた。主な傾向をとりあげてみよう。

あるクラスでは、「集金のお金を、家の人から何と言って貰ってくるか、そのままの言葉で書きなさい」と指示したところ、親に向けて「ありがとう」とか「お願いします」とかいう言葉を述べている者はたったの一名であった。他は、「集金だよ」「はい、集金袋」と言って渡し、当然のように黙って受け取ってくる場合がほとんどである。

いくつかの、親子の会話をそのまま再録してみよう。

①
●集金だって。
○いくら？
●五千円。
○いつまで？

●明日。

②
●ママ、集金だって。
○わかった、その辺においといて。
●うん。

③
●また、集金があるよ。
○ふうん。
●五千円だって。ちゃんと入れといて。

④
●母さん、集金なんだ。
○あ、そ。いくら?
●自分で、袋を見て。
○ふーん。

●机の上においといてね。

大体、こんなところが、一般的なやりとりのようである。子どもと大人との会話なんだから、この程度でいいと考えるか、こういう小さなやりとりの中のいいかげんさに、こだわっていくべきだと考えるか、論の分かれめであろう。

いずれにしても、次のような例はやはり指導を要するだろう。

⑤

●明日集金だからお金入れといて。
○わかったからテーブルに袋をおいといて。
●間違えんなよ。
○わかったよ。

⑥

●明日集金だから、五千円間違えないで入れろよ。――聞いてる？
○びっくりしたなあ。
●集金五千円だってば。
○困ったなあ。今ないよ。
●いいから入れとけよ。

こういうやりとりの中で子どもの時代を過ごしていけば、長じて、言葉づかいが乱暴になるのはやむを得ないだろう。ごくまれに、こんな例もある。「よろしく」で救われる。

⑦　お母さあん。明日集金があるからよろしく――。

⑧

●今日、集金袋を貰ったから五千円入れといてね。

○じゃ、鏡台のところにおいといて。

●わかった。よろしくね。

(4)　指導を加えたことの成果

ある担任は、学級通信に次のように書いている。

――（前略）、集金の伝え方までは指導していませんでした。感謝の心をきちんとした言葉で伝えることは人として当然のことでしょう。また、人に依頼するときの言葉のあり方を学ばせるにはよいチャンスです。

昨日、早速子どもたちに今までのお金の貰い方を紙に書いてもらいました。黙ってさし出す子、「これ」としか言えない子、いろいろでした。何よりの収穫は、子どもたちがはっとしたことでした。来月の十日にはどう伝えるでしょう。

その後の、別の担任の通信の記事を紹介しよう。

――今日は、集金日です。中川さんは、家の人に次のように言って集金袋を渡したそうです。

「これ集金袋です。中にお金を入れておいてね。お願いします」

みなさんはどう言って渡しましたか。ちょっと聞いてみると、「お願いします」とか、それに近い言葉を言った人は一五人、およそ半分でした。前回に比べてずっとずっと多くなりました。感謝の気持ちを持つことは大切ですね。

――小さな働きかけをしたのだが、少しずつそのよい成果が生まれているといううれしい報せが届いている。

第五章　教室指導の実際

一　話し方技法指導の意義

1　技法指導の意義と限界

これまでに述べてきたように、一口に話せない子・話さない子と言っても、その要因には実にさまざまなものがある。しかも、それらの要因が複雑にからみ合ってひとつの現象を呈しているというのが実状である。話せない・話さないという現象そのものは単純でも、その構造は複雑であり、根は深いわけである。

それに対応した指導を進めるには、むしろ心理学的な考察、人間的な態度、場面や雰囲気のよりよい形成というような面の配慮こそが必要であって、いわゆる「技法」という面の指導にのみ傾くことには危険がある。技法よりは、心理的・態度的配慮の方がより重要ではないかということが一応言えると思う。

しかし、技法的拙劣さ故に「話せない・話さない」という状態になっていると考えられる場合もなくはない。うまく話せるという技法の自信が、自由に話せるという心の安らぎを生むことも考えられる。その意味で、技法そのものをとりあげて相応の訓練をすることにより、その子の持っている不安や恐れ、気遅れなどを取り除いてやることは大切であろう。

実際問題として、体で覚えたものほど確実なものはない。技法として身につけたものは自信を生む。理屈はよくわからないが、技法としては身についているからあまり心配はないという自信を持ったならば、「話せる子・話せない子」ではなくなってくるだろう。

技法指導、技法訓練は、このように体で身につけさせる点でねうちの高いものであるが、それはあくまでもひとつの限界を持っていることを知らなければならない。技法指導だけですべてが片づくということにはならない。さまざまな要因を無視して、技法訓練だけに精出し、仮にそれがかなりの成果をあげ得たにしても、そのことで正しい意味での「話せない子・話さない子」が教育されつくしたことにはならないのである。

セールスマンや店員の話法訓練ならば、あるいはある技法が身につけば所期の目的は達成されるのかも知れない。しかし、小学校や中学校における「話すことの指導」というのは、もう少し人格的な、根本的な問題をかかえこんでなされなければならないはずである。

技法指導は、「話せない子・話さない子」に対する指導法、解決策のひとつに過ぎないことを十分承知して指導にあたることが必要である。

2　技法指導のポイント

(1)　必ず言い直しをさせる

うまく話せない子に対して教師は一般に過保護になっている。いたわりの心を持つことは大切だが、指導が臆病になってはいけない。発音不明瞭なときは、教師が範を示し、そのとおりに言い直しさせてみることが大切である。しかし、多くの場合、教師が発音不明瞭な子どもの発言を引きとってしまい、その子の代わりに言い直したり、ひどいときにはその子の言いたいことを察して教師が代行してしまったりすることさえある。これは甘やかしであり、本人の力を伸ばすことにはならない。誤った親切心であり、本人の伸びる機会を奪う方法である。

厳しすぎるようでも本人にきちんと言い直しをさせ、その結果や努力をみんなでほめてやることがよい。言い直しにもせよ、本人が教師の求める水準で発言し得たということは本人に自信を生ませることになるはずである。

教師の言うとおりに言い直しをしない子どももあるし、無理に言い直しをさせようとすると泣いてしまうということもなくはない。しかし、それは学級経営のあり方や日常の指導に何らかの手ぬかりがあるからであり、それらの点の反省をせずに教師が相変わらず子どもを甘やかし続けるならば、ついに話せる子・話す子は育たずじまいになるであろう。

(2) 短くずばりと言わせる

文章でも発言でも、明確なものはすべて短く端的である。よくわかっている人は、内容をよく取捨し、整理してあるから短く言えるのである。大人でも、ぐちゃぐちゃだらだらと長く話をする人は、結局何もわかっていないことが多い。よくわかっている人の話は長くはならないものである。

日頃の発言を短く、ずばりと一言で言わせる訓練をすることは非常に大切である。ずばりと一言で言えるためには明確な整理が必要である。短く言わせることはその力を子どもに養うことになるのである。

だらだらと長く喋らせるくせをつけると、子どもは内容を整理し組み立てることなく、思いつくままに話し、ついに自分でも何を言っているのかわからなくなり、友だちからは不評を買い、教師からは迷惑がられるということに陥りやすい。しかし、この事実に気づいている教師は存外少ないもので、発言の仕方をきちんと指導している教室には滅多にお目にかからないものである。

必要なことだけをずばりと一言で言わせる訓練をすると授業はぐんと効率的になる。また短い発言が良しとされるならばだれもあまり発言を億劫にしなくなる。自然に話せない子・話さない子が減っていくことにもなるのである。

(3)　教師が範を示す

子どもに対して「もっとわかりやすく話せ」「もっとすっきり言えないか」「もう少しうまく話せないか」というような理想行動の要求をする教師は多い。しかし、どうすればそうなるのかという具体的な指導はあまりなされていない。子どもの冗長でまとまりのない発言を、もう一度教師が短くまとめあげた範例を子どもの前に示すことをもっと多くする必要がある。

示範というのは子どもにとってたいへんわかりやすく納得しやすいものである。日常的な教室の授業の中で、教師は子どものわかりにくい発言を素材にして、どうすればわかりやすい話になるのかの範例を、もっと多く、頻繁に示してやる必要がある。

(4)　指を折らせる

いくつのことを話すのかという整理をさせるのに最も効果的な方法が指を折らせることである。二つのことを言うのか、三つのことを言うのかをはっきり意識させ、それぞれを短くずばりと言わせるなら、その話はたいへんわかりやすいものになる。

いくつのことを話すのかという意識を持たせない場合は、区切りとまとまりの不明瞭な冗長な発言になりやすく、話している本人も途中でわからなくなってしまうのである。

指を折るのは、話すときばかりではない。聞くときにも指を折りながら聞かせるとよい。自然に整理しながら聞く態度が身につき、そういう態度は話し方を育てることに強く結びついていくものである。

(5) ノートにメモをさせる

話す内容を簡単にノートにメモさせるのは話し方を上達させるのに有効である。これによって、話す内容が自然に秩序づけられ、整理されることになり、内容の重なりや落ちに気づくことになるからである。

なお、できうれば、机間巡視などによって、あらかじめ教師がその内容を承知しておくことがよい。このことは、子どもにとって大きな安心である。先生は、私がこれから発言する中身を知っていて、その上で自分に発言をさせるのだから、発言の内容については言わば許可済みなのだ、安心して発言しよう、ということになるのである。

気の小さい子ども、友だちの反論などを恐れる子どもにとっては教師があらかじめ自分の発言の内容を承知して指名してくれることはたいへん勇気づけられることである。このとき、指名の予告をしておくとなおよい。「指名をするから、ここに書いてあることを発言しなさい」と言ってやれば、その子なりに心の準備ができるからである。

何の予備知識も持たずにいきなり指名しておいて、発言内容が的はずれなうえにまとまりがなく、大笑いをされたというような思いをさせれば、その子は二度と発言なんかするものかという気持ちになるのは当然である。「話せない子・話さない子」もちょっとした教師の配慮で傷つけられたり、矯正されたりするのである。

(6)　発言の型を教える

結論を先に言ってから理由や条件を述べる頭括型、この逆の尾括型。念を押す意味で、話の先と後とに結論を述べる双括型。思いつくままに述べていく散叙型。順々に物事を説いていく追歩型など、いくつかの典型を教えておくこともある程度有効である。この方法は多くの教室で比較的よくとられているが、しばしば形式的に子どもの発言をしばることになって、何かぎこちない発表形式を子どもに強いる結果となっている教室も多い。

本来的には、話す内容と目的が自ずとそれに最もふさわしい形式をとるのが自然なのであって、それを忘れた形式的な枠づけをむやみに与えることには問題が残る。しかし、そういう問題点を承知のうえで指導するならば時により効果を期待することもできよう。

二　話し方技法指導の基礎

1　挨拶と返事、その表情

(1)　表情の大切さ

もう、ざっと十年もの昔のことになるのだが、つくづく言葉と表情について考えさせられたことがある。開校八十周年記念事業のひとつとして、運動会の応援用の太鼓を購入しようということになって、東京は浅草の専門店、宮本卯之助商店に、実行委員数名で出かけた。むろん、ふだんは用事のない店だから、全員が初めての参上であった。

ところが、その店をやっと尋ねあてて入ったとたんに、「いらっしゃいませ」と出迎えてくれた女性店員の笑顔にみんなびっくりしてしまった。その言葉の発し方といい、笑顔の表情といい、まったくそれは大変な知己に実に久々に会うことができたときにしか見せないような、親しみをこめた表情だったからである。早とちりの私などは、咄嗟に「この女性は、私のことを知っている人だ！」と思ってしまった程である。しかし、よく気をつけて見ると、そのこぼれるような親しみの笑顔は、決して私だけ向けられているのではないことを知って、私は、ちょっとがっかりすると共にまた別の感動を味わったことだった。

ざっと七、八十万円の買物だったと思うが、話はとんとん拍子に進んで爽やかな気分になった。彼女のすばらしい笑顔は、多少こちらが値切りの駄々をこねたときでも一向に変わらず、しかし「そこまでは無理」というところはきちんとおさえての明快なビジネスぶりも見せていた。

大きな買物をし、大役を終えた一行は少し遅れた昼食をビールなども加えてとることになったのだが、話は自然にその店員のことに及んだ。「俺たちのことを知っているのかと思ったよ」「まったく、あの歓迎ぶりにはちょっとびっくりしたなあ」「ああいう子が一人いるだけで、あの店はもう大きな財産を持っていることになるよなあ」「ちょっと、何だか別れるときに、ふっと淋しくなるような気がしたものなあ」——等々、彼女と別れてもなおひとしきりその物腰や表情に接しているような親しみを感じていた。

もうひとつ、忘れられないことがある。教え子に日航のスチュワーデスになった子があり、お客さんへの接待の作法としてどんな指導を受けたのかと問うたところ、彼女は次のように答えた。

「お客さんへの笑顔は、顔で作るのでなく、目で作りなさい、と言われました。口で笑うのでなく、目で笑うように

――ということでした」

ほほう、と感心した私は、早速彼女に「目で笑って見せてくれないか」と頼んだところ、彼女は素敵な笑顔を見せてくれた。それは、言うなれば、全身で好意を示し、心からの歓迎を形に表すというような笑顔であった。さすがに一級の接客業、サービス業ともなると教え方も一味違うものだと感じ入った。以後、飛行機に乗る度にスチュワーデスの笑顔に気をつけてみるのだが、成程「目で笑う」ということのすばらしさがよくわかる。「目は口ほどに物を言う」し、京の糸屋の娘は「目で殺す」とも歌われた。「眼は心の窓」とも言う。表情の核は「目」にあるのかも知れない。まなざしもまた大切な言語行動のひとつとも言える。

(2) 言葉にも表情がある

電話でほんのちょっと話すだけでも、相手の人がらや心の状態を推し量ることができる。電話の声の表情ひとつで、冷たさと温かさ、親切と不親切、丁寧とぞんざい、乱暴と丁重、というようなことは感じとれるものだ。「お早うございます」という言葉ひとつにしても、その言い方次第で、挨拶を受ける人の心をあたたかくもし、冷たくもする。「はい」という返事ひとつだって、その言葉の言い方には微妙な表情がある。

●明るく、爽やかな「はい」　　●親しみのある「はい」
●元気のよい「はい」　　●慎みのある「はい」
●嫌々ながらの「はい」　　●反抗的な「はい」
●無気力な「はい」　　●不愉快な「はい」

返事も、挨拶も「すればよい」「やればよい」というものではない。「話し言葉の指導」ともなれば、そこまで弁えてなされなければならない。それは、単なる「言語技術」の問題ではなく、人と人とが言葉を交わす、挨拶を交わす、返事をする、ということの本当の意味、役割にかかわる問題である。

(3) 大切な担任の言葉の表情

教室の話し言葉の環境——という視点から、とりわけ大切にされなければならないのが「担任の言葉の表情」である。朝の最初の出会いの「お早う」をどんなふうに発するか、ということにもこだわってみたい。

朝の出会いの教師の第一声が、清々しく爽やかに、明るくなされることは、子どもにとって幸福である。朝の単なる儀礼と考えてはいけない。朝は毎日やってくる。出会いは毎朝繰り返される。毎日のように繰り返される挨拶が、明るく爽やかであるか、陰気で暗いものであるか、ということは子どもの人格形成上からも重大な問題である。

毎日毎日が、明るく出発できるか、暗いスタートになるかということはかなり重要である。教師の発する言葉や教師の生み出す表情というものは、長い間に学級の気風を形づくっていく。明るい教師は明るい教室を作り、暗い教師は暗い教室を作る。明るい子どもも暗い教師に教われば暗い子どもになっていく。暗い子どもも明るい教師に導かれれば、いつか明るい子どもになっていく。

担任教師の発する言葉のあり方、そこにくっついていく表情のあり方は、重要な意味と影響力を持つことを改めて認識し合いたい。

(4) 性格や気分とは別に明るい挨拶を

私は、子どもたちに常に言ってきた。「挨拶の言葉は、ふつうの言葉よりも少し大きく発声すること」「返事の言葉も、ふつうの声よりは大きく、そして、短く言うこと」「はあい、と言うのではなく、はいっ、と言いましょう」という具合にである。

今は、私は教室には直接行かないが、この精神は職員室に受けついで実践している。職員室に入るとき、私は、常に言葉よりは大きな声で、全ての人に一度に聞こえる声量で「お早うございまあすっ」と言う。そうすると、みんなも一斉に、やはり大きな声、元気な声で挨拶を返してくれる。これだけでも一日の出発が爽やかになるように思う。

性格が人によってさまざまであるように、実は返事や挨拶の仕方も人によってさまざまであるのだが、そういう性格や気分との関係を断ち切って、返事や挨拶は、元気よく、明るく、清々しく発すべきである。「悲しいから泣くのではない。泣くから悲しいのだ」という名言がある。辛いから元気のいい挨拶なんかできない、というのは誤りだ。元気のない挨拶をしているからますます辛くなるのである。

2　声の調子の指導

(1)　言外の意味を加える「声の調子」

話し言葉の微妙な調子から、相手の機嫌、不機嫌を窺い知ることができる場合がある。電話の話では相手の顔が見えないので、普段より以上に相手の言葉に対して敏感になってくる。言葉づかいや、用語の選択とは別に、声の調子から相手の心の状態、心の姿勢を感じとることができる。

例えば「承知しました」とか「わかりました」というような言葉のその言い方の調子ひとつでさまざまな心のありようを読みとることができる。

ア　（よく）わかりました。（すみませんでした）

イ　わかりました（よ）。（一度言えばわかります！）
ウ　わかりました。（ありがとうございます）
エ　わかりました。（楽しみにしています！）
オ　わかりました。（よかったですねえ）
カ　わかりました。（では、これっきりですね）
キ　わかりました。（二度とお願いは致しません）
ク　わかりました。（力を合わせて頑張りましょう）
ケ　わかりました。（できるかぎりの協力を致します）
コ　わかりました。（その言葉を忘れるなよ）

言うまでもなく、（　）の中は言葉としては相手に伝わらないのだが、言外にそのような思いをこめることができるし、また、その言葉のトーンから言外の心のありようを敏感に感じとることができる。それがコミュニケーションの一般の姿であり、表情豊かな話し言葉のあり方である。むろん、相手にそれと悟らせない言い方でなければならない場合もあるが、そのことはここではひとまず措くとしよう。

(2)　その場にふさわしい「声の調子」

その場の状況を的確に読みとり、その場にふさわしい「声の調子」を生み出していくことが大切である。いわゆるその道のプロは、その点が上手である。

例えば披露宴の司会のプロは、声の調子の演出がさすがに巧みで感心させられることが多い。

「皆様、長らくお待たせ致しました。これより、新郎新婦の――」

と、少しずつ調子を上げていって「晴れの」でさらに調子を強め、「ご入場でーす」という言葉を最高潮で発声する。力強く、大きく、明るく、聞き手を引きつけ、一座を盛り上げるように言う。それに応えて入り口のドアが開き、一斉に大きな拍手が起こる。一座が高揚した雰囲気に一変する。そのように一座を導き、盛り上げていくのがプロである。

これを、全く感情も入れず、抑揚もなく、無表情にやられたのではたまらない。一座は、いつまで経っても冷えたままである。それでは「その場にふさわしい声の調子」とは言えない。進行役も本来の務めを果たしてはいない。

さる葬儀の進行係はベテランで、いつも進行役を務めているらしかったが、まるでバスガイドのような「声の調子」で喋っていてまことに不愉快であった。葬式の進行などというものは、変な調子をつけて、手なれた風に進めていくものではない。「盛り上げる」必要なんかないのである。これは「その場にふさわしい声の調子」を履き違えた例だ。

(3)　「声の調子」に無神経な子ども

ところで、子どもは「その場にふさわしい声の調子」を作り出すのが下手である。ほとんど無表情に近い、といつも思う。例えば、クイズを出す場面を思い出してみるといい。「学校の玄関の水槽の中にいる金魚の数は何匹でしょう」という一文を、子どもはほとんど一本調子で淡々と言う。これでは、ちっとも盛り上がらない。

a　学校の玄関に、大きな水槽がありますね。

b　あの水槽の中には、きれいな金魚が泳いでいます。

c　さて、その金魚の数を知っていますか？

d　三匹でしょうか?
e　五匹でしょうか?
f　それとも、六匹でしょうか?
g　さあ!　正解は、この中の、どれでしょう!!
aから、gに至る七つの文は、段々にトーンを上げて発音していくことによって盛り上がる。トーンを上げるにつれて、間もとり、発音も明瞭にしていかなければならない。そうして、聞き手の心をひとつに手繰り寄せ、高めていくのである。そうすれば、クイズはぐんと面白くなっていく。会場の雰囲気はぐんと盛り上がってくる。
次に答えを求める段になる。
h　さあ、三匹だと思う人!(はい、三十人程ですね)
i　では、五匹!(わあ、これはすごい!　大多数です)
j　最後に六匹!(これもいますね、十人位かな)
最後に「正解」を出す。ここで最高潮に盛り上げる。
k　「正解は――」と、大きな声で言い、十分に間をとって沈黙させ、期待が高まった静寂の一瞬をとらえて、「ゴ・ヒキでーす!」と言う。どっと喚声が上がる。
このようになって初めて「コミュニケーション」が成立することになるのである。生きた言葉が生まれるのである。
児童集会の司会、進行役も一般に「声の調子」への配慮に欠けていることが多い。
「これから、合唱部の皆さんに発表して戴きます。合唱部の皆さんお願いします」
というようなことを、淡々と、無表情に言ったのでは、集まってきた子どもたちも無表情のままになる。後半の一文は、「合唱部の皆さん」と、大きな声で言って、一旦そこで言葉を切り、間をおいて「お願いしまあす！」と大きな声で言うべきである。それによって、合唱部の子どもの舞台への上がり方が違ってくる。それを迎え入れる聞き手の子どもたちの目が輝いてくる。司会役、進行役の子どもには、そういう雰囲気づくりをする責任、雰囲気を盛り上げていく任務があるのである。

(4)　「声の調子」の指導をしよう

なぜ、子どもたちはこのように司会や進行が下手なのだろうか。理由は簡単明瞭である。教師によって指導がなされていないからである。

話す内容や、進行の言葉などについては原稿やメモを書かせることによって指導がなされるけれども、それをどのように言うか、どのような声の調子に乗せるかという技術までは、ほとんどの教師が指導をしていない。指導されていないことが子どもの身についていないのは当然である。

話し言葉というものは、トータルな指導を必要とする。話す中身、内容に加えて、表情、身ぶり、話し方、調子、時には服装、姿勢までをも含めて「話し言葉」は成立するのだという構造を、指導者は承知しておくべきである。

先般「チビッ子の主張」「理科研究発表会」に出場する女の子の発表実技を私が直々に指導して送り出した。彼女たちは市内でもきわめて上位の評価を得たと言う。それは、当然のことだ。

3　攻めの言葉と受けの言葉――つなぎの言葉、渡しの言葉――

(1)　「攻めの言葉」はやさしい

校内放送では、放送部の子どもたちがアナウンサーになっていろいろな活動をしている。お知らせ、お願い、校内ニュースなどがアナウンサーによって報じられ、その後で音楽が流されたり、昔話が読まれたりする。お昼のひとときを、大体どの学校でも放送時間と定めて似たりよったりの内容を放送していると思う。

今回とりあげてみたいのは、主としてインタビューである。四月の初め頃は、新しく転入した職員をスタジオに招いていろいろと質問をし、それに答えてもらうことが多い。「攻めの言葉」と私が呼んでいるのは、学校放送で言えば、質問のことである。あらかじめ予定を立てて働きかける言葉をこのように呼ぶのである。

反対に、質問されたことに答えたり、答えたことを受けたりする言葉を「受けの言葉」と呼ぶ。消極的な受身の立場になるからである。

子どものインタビューを聞いていると、質問事項があらかじめ決められていて、それを単に音声にするというだけで終わっていることが多い。あらかじめ決められた質問事項を、単に音声にしていくだけならば、それはたやすいことである。多くの場合、アナウンサー役の子どもは質問事項をメモしてある紙を見ながら問いを発する。そして、その問いに対する答えがどんな内容であるかということにはほとんど関係なく、相手が答え終われば次の質問に移っていく、ということが多い。

したがって、そこには「通じ合い」「コミュニケーション」というものがほとんどないのである。一方的な問いの発声と、それへの相手の答えとが、とけ合い、響き合うドラマは生じてこない。私は、こういう形骸的な話し言葉に接すると気になって仕方がないのだが、大方の同僚はあまり関心を示さないようである。

(2)　「受けの言葉」は忘れられやすい

西尾実先生は、コミュニケーションの訳語として「通じ合い」ということを言われた。また、話し言葉は「キャッチボール」のようでなくてはいけない、とも言われている。

相手の受けやすい球を投げ、相手の投げてきた球を上手に受け、また相手に返してやる。こういう関係が快適に調子よく、長く続くようにすればキャッチボールが楽しくなる。話し言葉もそのように進行するのが大切だ、と言われた。

そして、一見「話し合い」のように見える会話も、よく聞いてみると、お互いが交互に自分勝手なことを言っているだけで「通じ合い」になってはいないものがある、とも言い、あるお母さん方二人の会話を丹念に採録して例示している。

要するに、これは「受けの言葉」を忘れて、お互いがもっぱら「攻めの言葉」だけを交互に発し合っているにすぎない状態だということができるだろう。

世間には、実によく喋る人がいる。そういう人はほとんど相手の言うことには耳を傾けず、もっぱら自分のことばかりを話すことが多い。相手が一言言うと、それにかかわって思い出した自分のことをべらべらと喋り出す。しかも、くどくて長いお喋りが多く、そういう人は、やがてだれからも疎んじられていくようになる。

反対に、相手の言うことによく耳を傾け、うなずき、相槌を打ちながら、上手に「受けの言葉」をさしはさみつつ話し合える人がいる。いわゆる「聞き上手」と言われる人である。かといって無口で専ら「聞き役」だけというわけではなく、相手の話がとぎれたときには、そっとこちらから言葉を添える、ということもできる。こういう人は、つまりは「聞き上手」でもあり、「話し上手」でもあるわけだ。

子どもたちにも、この辺りの談話能力をつけてやりたいと私は考えている。望ましい談話能力をつけてやることは、彼らの言語生活を大いに豊かなものにするはずだからである。そのひとつの実践として、私は転入職員へのインタビューを子どもにさせてみることにした。

(3)「受けの言葉」の指導の実践

転入職員の紹介は、四月の学校の定例行事である。一般にその形は、体育館の壇上で校長が転入職員を紹介し、次に転入者が一言ずつ挨拶をするというものであろう。この方式にはドラマが乏しい。子どもたちにとってもあまり魅力的なものではない。むろん転入者にとっても同様である。

私は、子どもを座らせ、ステージは使わず、転入職員にはフロアの前に立って貰うことにしている。そして、転入職員の数に合わせた子どものインタビュアーを決め、インタビュー形式で紹介をすることにしている。

インタビュアーは、学年主任に決めて貰うが、はきはきと話のできる子どもを選ぶよう助言する。その子どもたちには校長室に来てもらって私からインタビューの心得をあらかじめ話すことにしている。次の三点を心がけさせれば十分だ。

○短く、はっきり、ゆっくり問うこと。
○先生の特色、個性がよく伝わるようにちょっと面白い質問を考えること。
○先生が答えたことについて「受けのコメント」を必ずすること。

子どもたちは、よく心得ていて顔をほころばせる。面白い質問の中からいくつかを引いてみよう。

○先生は賭けごとは好きですか。
○恋人はいますか。
○どんな料理が好きですか。
○この学校の第一印象を聞かせて下さい。
○子どもの頃にはどんなことが得意でしたか。
○木のぼりができますか。
○子どもさんは何人ですか。それぞれおいくつですか。
○今までにどんな失敗をしたことがありますか。

このような質問のネタは、ちょっと大人の私には思いつかない。教師にも子どもたちにも、転入職員に対するこのインタビュー形式の紹介はとても楽しみにされて好評である。

給食の調理員さんの「失敗談」で、料理を作るときに焦がしてしまったことがあると話されたとき、インタビュアーの子どもがそれを受けて、

「私の学校では、気をつけて、もうおこげを作らないように気をつけて下さい」

と話し、調理員さんが「よくわかりました。気をつけます」と答えたときには拍手が起こって楽しかった。

問う方も、答える方も、攻める側も、受ける側も適度な緊張を伴って「話し言葉の力」が高められる場と言えよう。

4 「声のものさし」への疑問

(1) 「声のものさし」

いろいろな教室で「声のものさし」という掲示をよく見かける。きれいな絵が添えられていることもある。

声のものさし
1 みつばちの声 （となりの人と話す時）
2 小鳥の声 （近くの人と話す時）
3 犬の吠える声 （遠くの人と話す時）

どこかの教科書に載っているものの拡大掲示であるらしいのだが、さて、この教室掲示は「話し言葉の指導教材」として有効に機能しているのだろうか。

率直に言って、私はこの種の掲示に対して懐疑的である。「みつばち」「小鳥」「犬」は、それぞれ別々の動物であり、それぞれが、それぞれの大きさの羽音や声を持っているのであって、彼らは自分の声を「調節」しているわけではない。彼らは持ち前の大きさの音を出しているに過ぎない。このような私の物言いは、いわば屁理屈に過ぎるかも知れないが、問題は、この掲示が実際に役に立っているかどうか、という一点にある。

(2)　常識行動としての言語技術

教室の中には、どんな場合でも概して声の小さ過ぎる子どもが一人や二人はいるものである。また、反対にどんな場合でも声が大き過ぎる子どもというものが一人や二人はいるものだ。

しかし、その他の大方の子どもは、隣の友だちと話すときの声の大きさと、グループで話し合うときの声の大きさと、遠くにいる人を呼ぶ声の大きさとを、ほぼ妥当に使い分けて生活している。これが一般的に実情であるということは、大方の読者が肯くことであろう。つまり、「常識行動としての言語技術」を、大方の子どもは生活の中から学びとっているのだと言うことができる。

声が小さ過ぎたり、大き過ぎたりする子はむしろ例外的存在であり、そういう子どもたちに対しては、個別指導、つまり個に応じた特別の指導が必要なのであって、先に示したような掲示物が治療の功を奏するわけではないと思う。

このように考えてくれば「声のものさし」の掲示は、クラスのだれに対してもほとんど効果がないことが理解できるだろう。あまり役に立たない掲示が、不用意に掲げられているところに、私は問題を感ずるのである。

(3)　言葉の軽視、言葉不感症への心配

何もそんなに目くじらを立てて言うほどのことでもなかろう。「声のものさし」が掲示されていたからと言って、特に害が及ぶわけでもないだろう。貼りたければ、貼ったっていいじゃないか——と言う人もあるだろう。私は、そのような態度や判断に対しては、はっきりと異を唱えたい。

千葉大附属小の先輩であった平山寛司先生は、常に「よい教師は言葉を大事にする」ということを言っておられた。「言葉を大事にする」ということの意味は、「言葉に責任を持つ」ということである。「起立」という号令で、さっと

全員が立つとき、言葉は大事にされていることになる。反対に、「静かにしなさい」と何度言っても騒がしいままであるならば、言葉が粗末にされているということになる。

全校集会の折に、賞状の伝達をすることがある。担当の教諭は、「市の図工展の入賞者を発表します。名まえを呼ばれたら大きな声で返事をしてその場に立って下さい」というようなことをよく言う。しかし、呼名を始めると返事の声の大小、有無などにまったく頓着なく、機械的に呼名を続けていく教師が多い。私は、こういうことにひどくこだわってしまうのである。気になって仕方がない。いっそ、何も言わないのなら、どんな呼名であろうと、どんな返事の仕方であろうと構わないのだが、わざわざ「大きな声で返事をして」と求めるのであれば、そうでない子にはやり直しをさせなくてはいけない。そうすることが「言葉を大事にする」ということなのだ。

再び「声のものさし」の掲示に返ろう。役に立ってもいない掲示はとり去るべきである。飾りのようにして掲出しておくだけのものであるならば、それは「言葉の軽視」あるいは「言葉不感症」へのいざないをするバネになる。そういう習慣は、長い間には恐ろしいことになる、と私は考えてしまうのである。

(4) 教育目標の具現策への疑問

学校の教育目標が、とかく空念仏に終わりがちなので、もっと子どもたちの日々の生活や行動に反映するようにしなければならない、という論は筋の通った話である。

学校の教育目標は、子どもの日々に具現しなくてはならないのだから、どの教室にも学校教育目標具現への指標が示されていることが望ましいと考える向きも多い。その考えに立てば、どの教室にも次の三つの目標が掲げられていることが望ましいということになる。

即ち、

① 学校教育目標（学校のめあて）
② 学年教育目標（学校教育目標をくだいた学年のめあて）
③ 学級教育目標（学年のめあてのどれかにスポットをあてた学級のめあて）

の三つが、どの教室にも掲げられていれば、どのクラスも目指す方向が明らかになっているのだから、必ずや学校教育目標が具現されることになるだろう、というわけである。

ところで、掲出するだけのことなら、だれでもできる。さほどむずかしいことではない。しかし、その三種類のめあてが本当に子どもの頭の中に生きた形で定着しているかというと、ほとんどその期待は空しく破られる。三つの目標を、暗唱して整然と述べられる教室は、皆無とは言わないまでもほとんどないと言ってよいだろう。実は、それを掲出した担任でさえ覚えてはいない、という皮肉な実態も稀ではない。

三つのめあてが整然と書かれていることを喜ぶのは、形式主義の大好きなごく一部の方々だけである。彼らは「言葉を大切にする」ことへの思念などはほとんど持ち合わせてはいない。だから、形さえ整っていれば、熱心に実践されていると考えて疑わないのである。

平山寛司先生は、級訓さえも前面に貼ることをしなかった。心の中に生きてこそ級訓である、との強い信念によるものであった。私は、そのような考え方を潔しとする。

「何事にも全力で」などというめあてを見ると、私は心底「言葉が大事にされていないなあ」と思ってしまう。大体「何事にも全力で」などというのは実に下らない馬鹿げたことである。何には全力でぶつかり、何には力を入れないか、ということの峻別こそが大切なのである。

教室には、意味のない掲示の存在を、せめて私は許したくない。

三　話し方技法指導の実際

1　「どうぞ」「ありがとう」「お願いします」「はい」

(1)　無言で手渡し、無言で受けとり

職員室や会議室で配布物を配るときに、黙ってそれを配る人がある。そういう人は、配り方、置き方も心なしかぞんざいで乱暴に感じられる。ぽん、と投げておかれた感じがして不愉快である。そういう人の中には、受けとる相手の方に向きを変えないで印刷物を配っていく者もいる。まったく「一事が万事」とはよく言ったものだ。

心のしなやかな仁は、受けとる相手の心を察してふるまえる。「失礼します」と小声で言ったり、軽く頭を下げて配ったりする。そういう人は、むろんのこと受けとる相手の側に読みやすい向きに変えて印刷物をおく。直接手渡すのが最も望ましいけれど、多勢の人に配る場合にはそうもしてはいられない。

ここのところ、ずっと一年生の教室の授業に出ている。もっぱら短作文の指導をしているのだが、作文用紙を配る折に、常々私が感じているような場面に出会って考えさせられた。

私の特製の「ミニ作文用紙」は、二〇字×五行で一〇〇字詰めである。これを、十四、五枚まとめて前席の子どもに渡せば、まず隣席の子の分を一枚とって隣席の子に手渡しをし、次に自分の分をとり、しかる後に後ろの席の子に残りの用紙を手渡す、ということになっている。

枚数を数えているわけではないので、列ごとに余ったり、足りなかったりすることが生ずる。余った場合には、足りない列があればそちらに廻し、その必要がなければ私のところに返しにくる。この仕事は、最後列の子どもが受け持つことになっている。

さて、この一連の作業がどの教室でもほぼ無言で行われていることに気がついた。私の担任時代にも、あるいは同じであったのかも知れないと、ふと思ったりもした。これでは「話し言葉が育っている」とは言えない。

(2)　「どうぞ」――「ありがとう」

このままの教室ではいけない。私は、南の最前列の二人を立たせて注目させ、「ミニ作文用紙」を手渡す子どもに、「どうぞ」と言って手渡すように指示し、また、受けとる子どもには「ありがとう」と礼を言って受けとるように指示し、これを実演させた。

一回、二回、三回と同じ子どもに同じことをさせて十分に方法を理解させた後、隣席同士のペアで、同様の練習をさせることにした。さすがに一年生である。何のわだかまりも、照れも、迷いもなく、上手に、可愛らしく、瞬く間にこれをマスターした。「声は小さすぎないように、大きすぎないように」「明るく、にこにこして」ともつけ加えることによって、教室の中は一段と和やかになった。

形がマスターできたところで、「ミニ作文用紙」の小束を最前列の子どもに「お願いします」と手渡した。「はい」と、気持ちのよい声で応じたその子は、隣の席の子に一枚をはがして「どうぞ」と手渡し、隣の子は「ありがとう」と言って受けとった。残った紙を後ろの席に手渡すときにも「どうぞ」と言い、後ろの席の子は「ありがとう」と言って受けとる。

南の列でも、中の列でも、北の列でも、「どうぞ」「ありがとう」「どうぞ」「ありがとう」「どうぞ」「ありがとう」という明るい声が飛び交い、教室の中に生きたコミュニケーションが生まれて活気づいた。それは、無言で配り、無言で受けとっていたときの無愛想な沈黙とは、何と大きな隔たりであることか。

このようなやりとりを、一年生の段階で仮に日本中の教室で徹底してしつけておいたなら、私が会議や職員室で感じたような不快は、あるいは感じないで済むのかも知れない。因果応報などと説くつもりはないが、教師の指導の不足が結局は大人になっても十分な言葉が使えないという結果を招いているのかも知れない、とふと思ったりもしたことである。

(3) 「お願いします」――「はい」

ミニ作文用紙を使って学習した後に、それを私のところに提出させることになるのだが、これもまた無言のうちに一切が運ばれていく。「無愛想な沈黙」は、ここでも同じである。

そこで、私は、今度も南の列の最前列の二人を立たせて注目させ、南の席の子どものミニ作文用紙を、北の席の子どもに手渡すときに「お願いします」と言わせ、それを受けとる北の席の子どもには「はい」と言って受けとるように教え、それを実演させた。実演三度に及んだことは前の場合と同じである。次に、中の列の最前列の二人が立つ。

南の列の北の席の子は、二枚のミニ作文用紙を、中の列の南の子に「お願いします」と言って手渡すと、中の列の南の子は「はい」と言ってこれを受けとり、三枚になったミニ作文用紙を今度は北の席の子に「お願いします」と言って手渡す。北の席の子は「はい」と言って受けとる。次は北の列の最前列の二人にというように、順次この仕事をさせていくことにする。

この一連の作業を、学級の全員にさせると、提出すべきミニ作文用紙は、すべて北の列の北の席の子どものところに集まってくることになる。そして、最後尾の北の列の北の席の子どもが、後ろから順にこちらに集めてくれれば、提出は僅かの一、二分で終わる。

さて、「お願いします」と言って自分のミニ作文用紙を隣席の子に手渡すのは「お願い」であるから、「どうぞ」、ではいけない。お願いをされたときには「ありがとう」ではなく「はい」と承知をすればよい。小さなことだが、好意は感謝で受けとめ、依頼されたら快諾するという話し言葉の基本ルールは、ここでも守られていることになる。

むろん、「お願いします」「はい」の場合も、教室の中で一斉に行われるのであるから、美しく、楽しい言葉が教室にあふれて和やかになる。その和やかな喧騒が静まった頃、最北席の子どもの列では、最後尾の子どもが集約を始める。歩いて集めに来てくれた友だちに、座っている子どもが「お願いします」と言ってミニ作文用紙の小束を手渡し、最後尾の子どもは「はい」と言ってこれを集める。和やかな喧騒の静まった頃に、全員の見守る中を「お願いします」「はい」「お願いします」「はい」「お願いします」「はい」という言葉が響く。これもまた、無言の教育になる。

最後に、すべてを集め終わった最後尾の子どもが、私のところに「お願いします」と言ってそれらを手渡すことになる。私は「はい、ありがとう。ごくろう様」と、ねぎらいながらこれを受けとる。

これらに似たようなことは、いろいろなところにあるような気がする。大切なことなのに、小さく、あまりに日常的であるために見逃しがちな話し言葉のしつけの大切なネタを、みんなで探し合ってみたらどうであろう。

2　合図と号令の技法

(1)　怒鳴る教師、怒鳴らぬ教師

運動会シーズンになると、教師の言葉のボリュームが上がってくる。大きな声を出すようになる。怒鳴ることも多くなる。それが普通の教師の、普通の姿である。

しかし、稀にではあるが、決して怒鳴らない教師がいる。本当に力のあるプロ教師は決して怒鳴らない。しかも、全体を乱れなく統率していく。指導に応えて子どもの演技は目に見えて成長していく。そのことが、子どもにも分かり、教師にもよく見える。だから、こういう教師はいつも子どもをほめ、励まし、讃え、自信と希望を育んでいく。端目から見てもそれは爽やかであり、清々しく、かつまことに楽しく、美しい。要は指導の力、実力の問題である。

怒鳴る教師はしょっちゅう怒鳴っている。そして、怒鳴りつけられている割には、子どもの上達が遅い。それが教師の癇《かん》に障るのであろう、教師はまた怒鳴ることになる。指導しているのではなく、怒鳴っているのである。力のない教師は、一生そのままの姿をとり続ける。反省することを忘れ、学ぼうとすることを捨てた教師の姿は憐れである。

(2)　上手な「合図」の仕方

運動会では集団行動が多くなる。集団を動かすには大きな声を必要とする。マイクが威力を発揮してくれる。マイクに向かえば、普通の声が拡大される。マイクを握って怒鳴るのは無意味である。怒鳴るのでなく、ボリュームのつまみを廻せば済むことなのである。

全体を動かすには、まず「合図」が必要である。改めて辞書によってその意味を確かめてみよう。

〔合図〕

①あることを知らせる為に前もって約束した方法。目くばせ。手まね。信号。のろし、など。また、その方法で知らせること。（『新潮現代国語辞典』）

「合図」のポイントは「前もって約束した方法」という点にある。「右手を挙げたら、用意完了」「笛が鳴ったら、進め」という具合に「前もって約束」してあることが大切である。この点さえ周知させておけば、後は子どもの注意力をこちらに向けさせるだけで万事うまくいく。

合図をしても子どもがうまく動かないのは「前もって約束した」という部分の不徹底と、他には子どもの集中の欠如の二つに原因がある。この二点を改めれば、怒鳴ったりすることなく子どもをスムーズに動かすことができる。

合図は、運動会に限って使われることではない。日常の教室でも、集会活動などでも使われる。例えば、歩いて行った教師が立ち止まったら「姿勢を正す」、一歩前進したら「お早うございます」とか「黙礼する」とかと行動が約束されていることがある。ここでは、「立ち止まる」「一歩前進」の二つが「合図」である。

ピアノの「合図」で「気をつけ」「礼」「直れ」という行動をとることもある。教師が右手を挙げるという「合図」で一斉に拍手をし、新入生を歓迎する、などということもある。いずれにしても「前もって約束」「合図を見落とさない集中」の二つがポイントになる。

また、合図をする方は、きちんとそれとわかる明確な行動の区別をしなくてはいけない。挙げたのか、挙げないのか、笛を吹いたのか、吹かないのか、合図をしたのか、しないのか、という区別がはっきりしなければ「約束した行動」はとれない。合図の上手と下手とは「行動の区別」が明瞭であるか否かで決まってくる。初心の教師や子どもは一般にこの点が下手である。合図には明確さが大切だ。

(3) 上手な「号令」のかけ方

ここでも、改めて辞書によって正しい意味を把もう。

〔号令〕
① 命令。さしず。
② 多人数に対して、大声で行動を指図すること。また、その語。(同前書)

「号令」の特徴は「多人数に対して」と「大声で」という点にある。「大声」は、全体への周知上必要な条件である。
そもそも、号令には二つの要素があり、この使い分けが巧拙を分けることになる。

号令
- **予令**（行動の予告をし、準備態勢を整える言葉。間を生かす。）
- **動令**（即行動を促す言葉。鋭く短い。）

「前へー」、と、やや伸ばし、その後若干の「間」をおき、「進め!」と、促す。「前へー」というのが「予令」であり、行動者は、次に来るべき行動への心構えを作り、すぐにも行動できる心身の準備態勢を整える。この態勢が、全体として整うのにはちょっとの時間を必要とする。いわゆる「間」である。これが、十分に整わないうちに、動令によって行動を促すと、多くは「不揃い」という不様な事態を引き起こす。

ベテラン指揮者の号令は、明確に「予令」と「動令」との区別がなされている。新任者や子どもの号令にはこの区別がないので、全体の動きはほとんど揃うことがない。また、「なぜ揃わないのか」ということを自問し、反省することもないのが一般である。「号令」には、かけ方のコツがあるのだが、彼らはそれについて教わったこともないし、教えてくれる人もいないようである。

予令は、ゆっくり「ぜんたあーい」というように少し伸ばし気味に発声し、指揮者は、全体の準備態勢の整い具合をキャッチする。その態勢が整ったと見るや、短く、鋭く「止まれっ！」と動令をかけるのである。ここの間合い、呼吸は、何回も練習しないと身につかない。子どもを指揮者にする場合には、十分にリハーサルをしておくことが肝要である。

そして、全体の前、多くの人の前に立つ場合には、常に万全の用意を整え、模範となる行動をとるように努めさせるべきである。正しい言葉は正しい行動を導くが、崩れた言葉は崩れた行動を導くことになるからである。

(4)　号令におけるリズム

号令は、多人数を動かすための指図である。上手に「動かす」ためには、動きやすいリズムを生むことが大切である。予令と動令を分けるのも動きに望ましいリズムを生もうとするからである。

リズムは、大小、強弱、緩急などによって作られる。「前へ・ならえ」――という号令を、どのようなリズムで発するかということは、小さいようで大きな問題であり、話し言葉の特殊な断面として、注目し、訓練を重ねる価値のある課題だと言うことができよう。

3 報告、連絡、相談のしつけ

(1) 「報告」に不慣れな子どもたち

単なる物見遊山のような旅行は、学校教育の本来の狙いに合わないということで、この頃は宿泊訓練学習とか、自由行動、自主見学を大幅にとり入れた形の学校行事が広まっている。

このように、子どもの自主性や主体性を重視した行動をとり入れるようにすると、従来以上に出発や到着の報告、異常の有無等の連絡が重要になってくる。しかし、今までの引率される形に慣らされてきた子どもたちには中々頭の切りかえができず、責任者の教師をやきもきさせることが多い。

だが、やはり、結局は教師による日常の指導がよくなされているかどうかの問題に帰することになる。

> 先日の校外学習で、グループの到着と出発の報告を受けたところ、どのクラスも必ず「報告忘れ」があり、担任を心配させました。これは、今後に生かしていかなければならない大切な反省点です。
> しかし、B組だけは、どこでもきちんと報告ができていました。同行の写真屋さんが、報告のチェック表をのぞきこんで「B組は、断然優秀ですね」とほめて下さった程です。

これは、あるクラスの学級通信の一節である。B組だけは「報告」がきちんとできていたというのである。B組ではどのような指導をしてきていたのであろうか。

(2)「報告」の大切さを身をもって知る

B組の担任にその辺の事情を聞いたところ、次のような子どもの作文を見せてくれた。

「報告」は大切

（5・5・31）

R・T子

五時間めの体育の始まりに、K君、T君、S君がいないのに気づかなかった。

先生がみんなに聞いたのだが、その時になって初めて「本当だ。どこへ行ったんだろう」と思った。班の人が三人を探しに行き始めた。

どうしたのだろう、と心の中で思いながら待っていた。先生は、とても心配していたのだ。

あとで、三人は職員室の小池さんのお手伝いをしていたことがわかった。

この時、改めて「報告」や「連絡」が大切なものだと思った。報告をしないからいけないんだ、と感じ始めた自分に気がついた。

自分で報告が大切だとわかった今、これからはきちんと報告をしようと思い始めた。よい勉強になった。


この作文を読み終えた時、担任は次のように言った。


授業が始まっても教室に帰って来ない子どもを本当に心配しましたよ。

しかし、この一件で日頃から私に言われている「連絡と報告の大切さ」を、子どもたちは身をもって実感したようです。その日の日記には、ほとんどの子どもがこのことを書いていました。

あの日の反省が、今回の校外学習ではしっかり生かされたということでしょう。そのように反省を生かした子どもたちを、私はうんとほめてやりました。

失敗や間違いから、本物を学んでいくんだということもわかったようです。

(3) 教室における「報告」の指導

何の指導、何の教育についても言えることだが、とりわけ「話し言葉」の教育には「行動を伴わせること」「体験をくぐらせること」「実感させること」が大切である。

例えば、遅刻、欠席の連絡をとりあげてみよう。毎朝のように職員室や事務室には欠席の連絡が入る。日常的になされているこのことも、改めて見つめさせ、その意義を考えさせてみることが大切である。稀に連絡を忘れる家庭があり、そんな時には担任の方から必ず家に連絡をとっていることも、意外に子どもたちは知っていない。加えてごくごく稀ではあるが、家は普通に出たのに学校に子どもが来ていないということなどもある。そんな時には、学校の職員は家庭と連絡をとりながら八方手を尽くして子どもを探しに出かけることになる。大騒ぎになるのである。

下校についても同様のことが言える。普通に下校したのに、夕方の五時を過ぎても家に帰って来ないという連絡でも入ろうものなら、学校の職員はだれも帰れなくなる。その子の安否がわかるまで、職員全員で探し廻ることになる。

いずれも、「報告」「連絡」をしないことによって、周囲に大きな迷惑をかけることになる例である。子ども本人や、家庭のほんのちょっとした「連絡忘れ」「報告忘れ」が、とんでもない大騒動になることを、普段から十分に子どもたちに知らしめておく必要がある。

大なり小なり、どの学校でも右のような経験を持っているであろう。事の起こらぬその先に、事の重大さ、事の大切さを知らせ、わからせておく教育が肝要である。

(4)「報告」の習慣づけを

少し場面を広げてみよう。日常における「報告」や「連絡」の習慣づけをする場面は次のように多い。

- ●掃除が終わった
- ●掃除用具の壊れが見つかった
- ●教師に頼まれた手渡し物をきちんと相手に渡した
- ●保健室の先生からの伝言を担任に伝える
- ●授業参観の案内を手渡ししながら、担任からの伝言を親に報告する
- ●その出欠を担任に報告する
- ●学習用具を忘れたこと、そこで友達のものを借りたことなどを報告する
- ●出張して学級を空けたときの学級の様子を学級の委員として担任に報告する

このように思いつくままに挙げていくと「報告」「連絡」の場面は実にたくさんあることに気づく。そうであれば、「報告」と「連絡」という話し言葉の習慣づけをきちんとするというたったそれだけでも、そうすることによって生活がぐんとスムーズになることのメリットは図り知れないことになる。

「報告・連絡・相談」の三つを合わせて「ほう・れん・そう」などという語呂合わせをすることがあるが、いずれも

それぞれに大切だ。「ほう・れん・そう」が時・所・位を得て具現されたなら、大きな言語能力の習得になる。

4 読書感想文の発表技法

(1) 退屈な作文発表会

校内作文コンクール、校内読書感想文発表会などが定期的に行われている学校はかなりの数に上るのではないだろうか。私のお世話になってきたいくつかの学校でも、おおむねその種の発表会が行われていた。

しかし、残念なことにそれらのほとんどは子どもには人気がないように私には見てとれた。子どもたちの聞き方に身が入っていないのである。いや、もっとはっきり言えばほとんど聞いていないと言ってもよいだろう。ただただその発表の終わるのを待っている、という感じなのである。

そういう聞き手の立場や心境を十分に味わったことのある子どもが、たまたま今回は発表者の側になったとしても、聞いてもらえないような作文を身を入れて読む気にはならないのか、読み方にも工夫がない。かくて、下手な読み手、下手な聞き手の間に悪環境が生まれてくる。

(2) 教師の反応の問題点

もっと残念に思えることは、このような事態への教師の対応の仕方である。私も教師のひとりだから言いにくいのだけれども、教師にはどうも「工夫」「改善」の意欲が乏しいように思えて仕方がない。意欲が乏しいのだから、工夫や改善への行動化はもっと見られない。

まず、大部分の教師は、先のような状態に対して何も働きかけようとしない。読み方が下手でも、聞き方が下手でも、それに対してほとんど何もしない、というのが大方の教師の対応である。つまり、ほとんどの教師がこういう事態の解消に対しては傍観的で消極的である。

(3)　やや積極的な対応にも問題

しかし、中にはやはり放っておくわけにはいかないと考え、たまりかねて子どもたちに注意をする正義感の強い教師もいる。そういう場合でも、ほとんどが、

- 黙って聞きましょう
- もっと静かに聞きなさい
- お喋りを止めなさい

という類いの「注意」である。稀には、話している子どもの所に行って頭を小突いたりする熱心な教師もいる。

これらに共通していることは、「聞き方」の態度の悪さを叱責するという点である。むしろ「話し方」「読み方」に問題があるのに、それを問題にする教師はほとんどいない。

職員会議などでこのような読書感想文発表会についての反省の話し合いが持たれても、大体出される意見は「聞き方の悪さ」に関するものである。

(4)　問題の根本は発表者にある

しかし、聞き手というものは正直であって、魅力のある面白いものには必ず惹きつけられて傾聴するものである。静かに聞こうとしないのは、よく内容がわからなかったり、よく聞こえなかったりして、その読書感想文のよさが聞

き手に伝わってこないからである。問題は、聞き手、聞き方にあるのではなく、むしろ、読み手、読み方、話し手、話し方の方に存在しているのではないか。

要因を確かにとらえることをせずに、表面的な現象だけを直そうとするから、叱責ばかりが多くなってしまい、楽しい筈の読書感想文発表会が、つまらないもの、嫌なもの、楽しくないものになってしまうのである。

なお、「注意」や「叱責」は、「指導」とは別物である。「注意」や「叱責」は、教育法を学んだことのない素人にもできるが、的確な「指導」はプロでなくてはできないものである。しかし、本当に「指導」をしている教師は意外に少ないのが現実である。残念だが「現実」である。

(5) 発表者の発表技術の「指導」

もっと、聞き手を惹きつけるような読み方、話し方をさせられないものだろうか。どのように指導すれば、聞き手を惹きつけることができるであろうか。

まず、聞き手の大多数は、発表に使われている本を読んではいないという事実に思いを致さねばならない。わかろうとしてもわからないのなら、自分勝手なお喋りが始まるのは当然のことと言えよう。

これへの対応としては、冒頭にその本の特徴を一言で手際よく伝えることが考えられる。

●これはイギリスの実話です。六歳で大怪我をした女の子が、片手、片足になってしまい、努力を重ねてすばらしい画家になったという感動的な物語です。

●私の読んだ本は、人間がいかに恐ろしいことをするものか、ということを考えさせるお話です。

この一言は、キャッチフレーズとして、十分に練り上げたものであることが望ましい。この一言で、聞き手を惹きつけるか、手放すかが決まる、ということを考えさせたい。

次に、聞き手の理解を助ける材料を工夫することを挙げたい。聞き手は、ひとり残らず「わかりたい」「聞きたい」という気持ちを持っているはずである。その誠実な期待に対して、誠実に応える努力をすべきである。

例えば、自分が読んだ本を携えて登壇するだけでも子どもの目の色は違ってくるものだ。私の前任校では、「聞き手を惹きつける工夫」を必ずしてくるように、という指導をした結果、感想文に登場する重要な場面を絵や図にして示す工夫が見られるようになった。このことだけでも、今までの工夫のない退屈な発表会がぐんと改善されることになった。

上の写真は、「アンネの日記」の読書感想文の発表場面である。作品に出てくる舞台と、ナチスの総統ヒットラーの肖像を描いて、聞き手の理解を助ける工夫がなされている。

また、読み手ひとりに対して、補助者四名がついていることも効果的な演出である。最初からすべての資料を出してしまうのではなく、必要な場面で、必要な資料を、効果的に提示していくのである。ヒトラーの肖像を高く掲げていることにも、小さいながらひとつの「工夫」がなされている。

このようにして発表会に取り組ませると、子どもの読み方もいいかげんではなくなってくるのである。必ず、家で何度かリハーサルをしてくるようになり、読み方のスピードや間のとり方にも工夫が生まれてくるようになる。

そうなってくると、結果的には聞き手のマナーもよくなり、読み手にも張り合いが生まれ、みんなに「楽しみにされる」発表会に変わってくる。要は「指導」の問題である。

5 学校劇の科白と動作

(1) 「劇」を大切にしていこう

この頃「学芸会」「学芸発表会」ということが少なくなってきて淋しい。子どもは本来「劇」が大好きなのだが、その願望を叶える場が極端に少なくなっている。別の仕事の多忙さに押されて、本当に大切なものがないがしろにされているように思えて、子どもたちのために本当にこれでよいのかなあという後ろめたさを私は感じている。

私の知っている曽ての「学芸会」は、運動会と並んで二大行事のひとつであった。この時ばかりは、内と外との違いはあっても子どもが学校に行っている家庭は「一家総出」で学校に集まったものだった。見る側の家族も、演ずる側の子どもも一生懸命とり組んだものだった。たとえその科白がほんの一言の短いものであったにしても、その子どもにとってはそれなりに緊張の伴う負担であり、うまくいけば大きな満足感に浸れるパフォーマンスの場であった。

当節、ぐんと縮小されてはきたが、それでも「劇」は学校から消えてはいない。「六年生を送る会」とか「七夕学芸会」とか「文化祭」などで少しは演じられている。忙しい中にあってその指導は大変だろうけれど、やはり消してしまうのはあまりにも惜しい魅力が劇にはあることの、それは証拠ともとれるだろう。そういう思いを是非大切にしていきたいものである。

(2) 劇の科白への不満

数少ない学校劇の発表だから、それなりに楽しみでもあり、期待をして見るのだが、一体指導をしたのだろうか、と疑いたくなるような演技も間々あった。ここでは話し言葉という角度からのごくごく基本的なことを書いてみたい。

①　大きく、ゆっくり、そしてはっきり

劇は、舞台で演ずるものである。そこで発せられる言葉、いわゆる科白（せりふ）は、生活会話、日常会話とは別物である。そこで用いられるのは演劇会話であり、舞台会話なのである。その会場の一番後ろにいる人にも十分に聞こえなければならない。生活会話では、むしろそんな大声は嫌われるのだが、演劇ではそれが必要な条件になる。

大きな声で、一番後ろにいる人にも聞こえるように話すためには、必然的にその言葉は「ゆっくり」になる。早弁では、とても聞きとれないし、早弁はとかく声を小さくしてしまう。

「大きく、ゆっくり、そしてはっきり」というのは、劇における科白のＡＢＣなのに、意外にこれが指導されていない場合が多い。職員の研修で、そういうことを指導してくれる場面も少ないから、あるいはそれは当然のことかも知れない。曽て、教師の「常識」であったことが、この頃は一向に通用しなくなって、改めて教えなければならないことも多くなっているのだから、こんなことまで国語教育の専門誌に書かなくてはいけなくなる。淋しいことだ。

②　科白はいつも観客に向けて

劇は、客に見せ、客に聞かせるものである。この原点を改めて確認しておきたい。

そうであるから、科白はお客に向けて発しなければならないのである。観客に背を向けて言ったり、別の登場人物の陰にかくれて科白を言ったりしてはいけないのだが、どうもこの点もわかっていない演技が多い。

むろん、劇のリアリティーを出すために、他の人物と正対する関係上、観客に背を向けたり、体側が観客の側に向くような形になることはあろうけれど、そのような場合にだって先の原則は意識されていなければならない筈だ。例えば、全くの横向きや、後ろ向きにはならずに、体だけは斜めに客に対しながら、顔は相手の人物に向けるようにする。それだけでも、声の通り方、観客の引きこまれ方は違ってくるのである。

③ ひとつひとつの科白に固有の間

どこでもそうだろうが、まず自分の言うべき科白の暗記から劇の練習が始まる。そこだけとにかく覚えてしまい、自分の言う番になったらそれを言えばよい。言い終われば自分の次の科白の番までは黙っていてよいことになる。

このような考え方がどの子にも共通する大方の傾向であるが、これでは対話に欠くことのできない「間」が生きてはこないことになる。「間」によって、会話の味わいは生かされもし、殺されもする。子どもにとって最も行動化のむずかしいひとつが「間」のとり方、生かし方である。

次の言葉は『女優という仕事』（山本安英著、岩波新書）の中の一節であるが、実に味わい深い至言である。

> 私たちはまず、自分のせりふの言いこなしを工夫したりする前に、日常の人びとの生きたことばをよく聞きなさい、といわれました。それも意識的によくきく、ということですね。（中略）他人のことばにゆくりなく耳を傾けていると、単にことばだけでなく、ことばを生む根元のつながり具合といいますか、話者の生き方考え方、毎日の生活ぶりまでが少しずつ見えてくる。
>
> ――（18ページ）――

> 俳優というものは、舞台では、そのときに鳴っている効果音などをなかなかほんとうには聞けないでいる。聞いたようなふりをして、そのふりを、とかく外見だけで説明的に演じてごまかすことが多いんです。
>
> ――（19ページ）――

なんといっても、相手役のことばをちゃんと聞けていないと、自分のせりふが空虚になります。

（19ページ）

(3)　不要な動作をつけさせない

言葉は常にある目的を持って発せられるものであるからそれにふさわしい表情や動作が必然的に伴われる。表情や動作と相俟って言葉は初めて生きてくるとも言える。

ところが、「不要な動作」をつけさせる馬鹿馬鹿しい慣行が学校劇、とりわけ低学年劇の場合に存在している。例えば、「ぼくが」と言って右手の人さし指で自分の鼻を指し、「君に」と言ってその指で相手を指し、「あげた」と言って両手で物を渡す動作をし、「大きな箱を返してくれないか」と言いながら、両手を大きく動かして輪を作りつつ膝を曲げさせたりという類いの動作である。噴飯ものだ。

あれは全く下らないし、要らざる動き、やってはならない動作なのに、それを「低学年らしくてかわいらしい」なども言う人がいるのでまったく困ってしまう。どこの世界にそんなふうにして物を喋る者があるだろうか。

もっと動きを抑えて、間のとり方や、表情や、姿勢に意を用い、あくまでも「言葉」「科白」の表現によって、一場を魅了するように、教えていく必要がある。そういう表現法こそが国語学力として身につけるべき話す力なのである。

第六章　タイプ別話し方指導法

一　発音、発声に関するもの

1　声が小さい、よく聞こえない

A　傾向と問題点

授業の中で、こういう子どもの発言は必ず聞き返さなければ聞きとれないので、めんどうくさく、ついつい指名をさしひかえたくなってしまう。

器質的に声が小さい場合にはどうにもならないが、普通の子どもなら普通の声量では話せるはずなのに話さないのはやはり指導の不十分と言わざるを得ない。

見落としてならないのは、こういう子どもに往々にしてありがちな身勝手さである。聞き手の身になって話すことをせず、自分の都合だけで話す傾向がこういう子どもには存外に多い。聞き手のことは考えないので、聞きとれようが、聞きとれまいが、知ったことではないという身勝手さがどこかにひそんでることが多い。また、本来発言というものは、自分の発言が聞き手にいかなる影響を及ぼしたかという反応を期待してするものである。そして、十分にこちらの意が届いていない場合には、さらに言葉を尽くして発言を繰り返すべきである。声の小さな子、よく聞こえない声で話す子どもには、コミュニケーションとしての話すことに対するこのような基本的自覚を欠いている場合が多い。

B　指導の実際

原則として個別指導がよい。朗読や音読を十分にさせ、適切な音量がどれほどのものであるかを感覚的につかませることがよい。朗読をさせる場合には、教室の一番うしろに立たせ、教師が教室の最前方で対するのもひとつの工夫である。こういう位置関係に立つことによって、どうしても大きな声で読まなければならなくなる。だんだん距離を遠くしていくことによって、いよいよ声量をあげざるを得なくなる。こういう訓練を通して、今までにない声量を発する体験をさせれば、それによって自信も生まれ、新しい自分の世界が開けてくることにもなる。

少しでも大きな声で読めるようになったら大いにほめてやることが自信を持たせるのに有効である。しかし、功を急いではならない。小さな声しか出さずにこれまで過ごしてきたことは、大なり小なりその子の気質にかかわっていることであり、わずかの訓練によってそう簡単に解決されてしまうというものではない。気長にほめて励ますことを中心にして伸ばしていくことが大切である。

なお、見落としてならない側面をひとつ指摘しておきたい。それは、礼儀としての教育ということである。相手に聞こえない声で話すのは、失礼であるという指導、そのような声で話すのは誠実な人の行為とは言えないという教育の仕方である。声の小さい人は不誠実なのか、というように開き直られると困るけれども、結果として相手に聞こえないような声で平気で話すというのは決して誠実な態度とは言えない。技法の訓練とともに、人がら、態度の教育を大切にしていくことが必要である。

2　幼児音、訛り、発音不明瞭など

A　傾向と問題点

これらの発音、発声上の問題は、とりまく周囲の者に笑われたり、からかわれたりしやすい。そして、本人は次第に口をつぐみ、ついには人前で話すことを極度に嫌い、劣等感を持つようになる可能性がある。

小さい頃には、周囲の者に笑われてもさほど気にしなかったものでも、だんだん成長してくると本人の悩みも深くなっていく。軽いうちに矯正できればよいが放置しておくと、いよいよ悪い傾向を助長してしまうことになる。吃音の場合など、気にすれば気にするほどよけいに吃りを大きくすることさえある。

B　指導の実際

ひとつは、本人をとりまく集団の教育が必要である。からかったり、笑ったりする雰囲気を生じさせないことが肝腎である。これは学校教育にとっては非常に大切な点であり、これによって話し手は緊張から解放され、かなり落ちついて正確に話すことができるようになる。

しかし、それだけでは本人への指導としては不十分である。本人への指導は個別指導が原則となる。みんなの前でその子だけを指導することは、教室全体としては時間のロスになる。他の子にはほとんどその指導は役に立たないので発音上の問題を持つ子どもに恥をかかせることにもなりかねないからである。

個別指導の中心となるのは口形の指導である。エとイ、シとヒ、ザ行とダ行、サ行とタ行などの正確な聞き分けと発音分けができるようにするために、正しい口形で発音させることが必要である。

話し言葉の指導の前に音読や朗読が正確にできるようにしてやることも必要である。低学年用の教科書でよいから、それを正確な発音で読めるようにしてやることを実践したい。早さや量でなく、正確さという「質」を問題にして指導すべきである。これらについては、学校だけでは訓練の量において不十分であるので、家庭に協力を依頼し、朝晩正しい音読練習をさせてもらうと効果が大きい。

むろん、これらは本人の問題点の程度によるのであって、もはや言語障害という域に入るような実態を持つ場合には、その指導、矯正、あるいは治療を専門家に任せることが得策である。しかし、そういう専門機関への紹介や連絡は、担任としての務めの範囲というべきであろう。

二　言葉づかいに関するもの

1　返事や挨拶ができない

A　傾向と問題点

言葉の中で、返事や挨拶ほど単純な形のものはなく、それでいて、これほど人間関係に大きな意味を持つ言葉も珍しい。

気持ちのよい返事、明るい挨拶は、聞く人の心を爽やかにしてくれる。それが朝であれば、一日全体の生活を気持ちのよいものにしてくれる力さえ持っている。

逆に、すかっとしない返事、内に不平を含んだような返事は聞く人の心を不愉快にする。返事のよくない人は、知らず知らずの間に人間関係を悪くし、人々からうとんぜられることになる。

挨拶も同様である。「挨拶ひとつしない」「ろくな挨拶もできない」などという言葉は、人間関係にとって挨拶がどんなに大切な働きを持つものであるかを物語っている。朝の出会いを明るく、夕方の別れをさわやかにするために、挨拶は大きな役割を果たしてくれているのである。

返事も挨拶も、日常の言語生活の基本的なものであり、これによって、聞く人はむろんのこと、返事や挨拶をする人本人もまた明るく爽やかな気持ちになるものである。返事や挨拶が適切にできるように子どもを導くことは非常に重要なことである。

返事や挨拶の指導でむずかしいのは家庭との連携の問題である。挨拶に例をとるならば、家庭の中で朝の目覚めをお互いに祝福し合って「お早うございます」と言っている家庭ばかりではない。「家族が妙に改まって挨拶をする必要などはない」という考えの家庭もある。こういう家庭の子どもに対して「家族でも挨拶をし合いましょう」と指導してもなかなか実現は困難である。

返事にしても、家族が日常生活の中でお互いに気持ちのよい返事をし合っていれば、自ずと子どももそのように習慣づけられるが、反対の場合には簡単にはいかない。

返事や挨拶の指導は、必然的に家庭における言語生活のありようとかかわりを持ってくるところにひとつのむずかしさがある。PTAなどの折によく説明し、協力を求める必要がある。

B　指導の実際

返事や挨拶のうまくできない子どもには、つとめて教師の方から声をかけてやることが大切である。返事をしなければならない場、挨拶を返さなければならない場に、その子を数多く立たせてやることがまず必要だからである。そして、教師のこのような働きかけに対しては、必ず「声に出して」返事や挨拶をさせることがポイントである。そうすることによって、声に出して挨拶すること、気持ちのよい返事をすることの快い感情を子ども自身が直接体感する。このような感情体験は非常に大切である。広い意味での言語感覚はこのようにして次第に養われていくものなのである。

教師がつとめて数多く言葉をかけることのほかに、学級の生活の中での返事や挨拶の日常化を心がけたい。先生に呼ばれたらまず返事、友だちに呼ばれたらすぐ返事、友だち同士でもいつも挨拶させる、そのようなクラスぐるみ、学年ぐるみ、学校ぐるみの努力が必要である。もともと返事や挨拶というものは、相手がいろいろに変わって固定しないものであるから、特定の場でだけの訓練では、他の場面への柔軟な応用がきかなくなる恐れがある。その意味で、広い範囲、広い対象、多様な場面で、よい返事、よい挨拶を交わし合うようにしつけることが大切なのである。

返事や挨拶は、ついには習慣化し、日常化し、いつでもどこでも反射的にできるようにすることが望ましい。こういう習慣は、やがてその人の性質となり人格となり、ついにはいつも笑顔で人に接しられるようなおおらかな人間をつくることにもなるのである。

返事や挨拶とは少し違うが、「ありがとう」「すみません」「ごめんなさい」「お願いします」「お手数をおかけしました」「お大事に」「お気をつけてどうぞ」というような言葉も時に応じてスムーズに言えるようにしつけたいものである。こういう言葉が、どれほど人間関係を明るくすることに役立つかわからない。

なお、技能化し習慣化することと並んで忘れてならないのは、返事や挨拶の意義や役割の指導である。

世の中を明るくする。社会をよくするということは大そうむずかしいことのように思われる。けれども、たとえば、明るい返事をする、やさしい言葉をかける、相手に爽やかな挨拶の言葉をかけるというそれだけのことでも、日本中の人々が実行すればどんなにか世の中は明るくなるであろう。このようなことを話してやりたいものである。何か特別むずかしい変わったことをする必要はない。だれでもできる身近な返事や挨拶、その実行が実は人をも世の中をも明るくすることになるのだから、せいぜいその実践に努めようではないかというような話は、子どもにも十分理解できることであろう。こういう、いわば根本的理解のうえに、返事や挨拶が習慣化されていくことが大切なのである。

さらに、このような指導は家庭との協力が非常に大切である。学校での努力や指導の方針が家庭にまで浸透し、家庭をよりよく育てていけるようになれば教育も本物である。学級ＰＴＡや学級通信などを活用して協力を求める配慮を忘れてはならない。

2　卑語や粗暴な言葉が多い

Ａ　傾向と問題点

相手に不快な感情を起こさせてしまうことが最大の問題である。争わなくてもよいものがこういう不用意な言葉によって争いになってしまうこともありうるし、日常の人間関係をいたずらに硬化させ、ぎすぎすしたものにさせてしまう。その子によってクラス全体が不愉快になってしまうこともあり、こんなことが続くと結局は本人がのけ者にされてしまう。

こういう言葉をみだりに口にする子は、往々にして気持ちが荒んでいたり、自己顕示欲が強かったりするものである。単に「もっとやさしい言葉を使いなさい」と注意したぐらいではききめはない。言葉は、もともと伝えたい意味内容にふさわしい形式を対応させて成り立つものである。卑語や乱暴な言葉を口にする子どもは、それなりに自分の言葉によって心理的安定を得ているのである。したがって、そういう乱暴な言葉によってすかっとするというそういう心理的機制を直さなければ言葉も直ってはこない。そこにむずかしさがあるわけである。

かと言って、いつまでも乱暴な言葉の形式そのものを黙過しているわけにはいかない。形式そのものをできるだけ早く矯正しなければ、教室や人間関係の被害は広がるばかりである。すべて言葉の問題については言えることであるが家庭状況の調査や、家庭との協力が非常に大切になってくる。単なる局部療法のみでなく、全体治療、総合指導が必要になってくるのが言葉の指導である。

B　指導の実際

まず、自分の言葉を外側から見つめさせてみることが必要である。自分の言葉の粗暴さ、相手の心を傷つけているという事実というようなものに発言者は気づいていないことが多い。自分の言葉が自分の耳で聞けるようになればたいしたものである。それは決してやさしいことではないけれども、そういう努力はさせる必要がある。そのためには、こっそりとその子の乱暴な言葉の場面をテープに録音しておくことも許されるだろう。改めて自分の言葉をテープで聞かせると、たいていの子どもは「なるほど」とうなずくことになる。こういう自覚が生まれれば、指導の七割はなされたと見てよいだろう。気づいた問題点は直しやすいからである。

次に、やはり人がらの教育がなされなければならない。乱暴な言葉は乱暴な心から生まれ、やさしい言葉はやさしい心から発せられるものである。やさしい心、静かな心を育てるには、いつでもおだやかな考え方をさせるのがよい。結論を急がず、じっくりと考えさせること、自分の考えのほかにも、もっとすぐれたよい考えがあるだろうから、自分の考えは提案のひとつに過ぎないという謙虚な気持ちで人と対させる配慮などが大切になる。

また、ロールプレイング（役割演技）などの手法を用いて、自分が乱暴な言葉を浴びせかけられる立場に立たせてみて、それがどんな不愉快なことであるかという面に気づかせるというのもひとつの工夫である。

さらに、言葉を発するというのは、ひとつの「行動」を起こしているのだということにも気づかせなければならない。言葉は、武器も道具も用いずに、人を傷つけ、痛めつけることができるという事実を指導することが大切である。逆に、言葉ひとつによって勇気づけ、奮気させ、心を明るくすることもできる。言葉というものは、そういう大きな行動力を持っているものだということに気づかせたい。そうであるからこそ、言葉づかいというものには慎重でなければならないのである。

家庭との連絡、連携にも特別の注意を払わなければならない。家庭において乱暴な言葉で育てられていれば、長い間に習い性となって、本人はむしろ得々として乱暴な言葉を使うようになる。どこの家庭にしても、我が子を悪く育てたいと考えている親はない。担任の熱心な働きかけは必ず家庭を動かすことになるであろう。

乱暴な言葉、卑しい言葉を使う子には共通して一種の誤ったヒロイズムが流れている。そういう特異な言葉を使うことによって友だちを威圧したり、脅したり、また、得意になったりするのである。こういう浅薄なヒロイズムにはびくともしない健全な心の持主にクラスを育てあげることも担任のつとめである。下らぬことは、あくまでも下らぬこととして黙殺するような健全さのある学級では、この種の質の低い言葉は自ずと消されていってしまうはずである。

3　敬語や丁寧語が使えない

A　傾向と問題点

能力・知識が乏しいために使えない場合と、十分承知していながらてれくさくて使えない場合とに大別される。

能力・知識が乏しいというのは、こと敬語や丁寧語に関してはある程度止むを得ないことである。なぜなら、子どもというものは、日常生活で親や大人から敬語やら丁寧語をもって遇されてはいないからである。子どもは、大人からは、ああしろ、こうしろというように命令されることが多い。こうして命令語についての知識は豊富に得られるが、それを大人に向けて使えば叱られることになる。こういう次第で、丁寧語や敬語について、子どもが日常生活から知識を獲得する機会は比較的乏しいのである。

家族の中で見られる敬語使用の場面は妻が夫に対して、あるいは姑舅に対する場合ぐらいのものである。しかし、日常の言葉づかいが、そのようにきちんとしている家庭はむしろ数が少なく、一般の家庭では、敬語をむしろ他人行儀の言葉としてとらえていることが多い。

つまり、子どもは、丁寧語や敬語をあまり耳にすることがないのである。学校やテレビやあるいはレベルの高い家庭を訪問したとき、たまたまの来客時ぐらいにしか耳にしないということになるであろう。子どもが敬語を自由に話せないのは、言うなれば無理のないことである。

それでも、小学校の高学年ともなれば周囲の言葉にも気を配るようになり、改まった場では敬語も少しは使えるようになってくるものである。しかし、小学校レベルで無理に敬語を使いこなせるようにする必要はない。大人になれば自然にかなりの程度身についてくるから、それでも遅くはないという考え方をする向きも多い。

敬語をかなり知ってはいるが照れくさくて使えないという場合も多い。はにかみやの男の子などに多く見られる。高校生から大学生ぐらいになれば、この問題も自然に解消されてくるのが普通である。「照れるな」と禁じたところでほとんど効果はない。むしろ、成長を待つ方が得策かも知れない。

B　指導の実際

昭和二七年に文部省は「これからの敬語」という冊子を公にし、新しい時代にふさわしい敬語のあり方を示した。その主たる点は、煩雑を避けてなるべく平明・簡素にすること、また、上下関係の強調ではなく各人の基本的人格を尊重する相互尊敬の立場に立つものであること、さらに不当に高い、あるいは低い言葉を用いると知らず知らずのうちに自他の人格的尊厳を見失うことになるので戒めるべきであるというようなことである。

指導に当たってはこれらのことを念頭におくべきである。不必要に細かくうるさく指導するのはむしろ誤りである。なお、右の冊子には「学校用語」という一項が特に設けられてあり、女教師がお机、お教室などと「お」を濫りに使う点を戒め、普通の会話は「です、ます体」を原則とするのが望ましいとし、従来の「おいでになられた」「お……になった」式は行き過ぎで「こられた」「みえた」あたりが中庸を得た言い方であろう、としている。

これらのことを考え合わせると、教室での授業の場などでは「です・ます体」を用いるように指導するほか、改まった場、つまり、来客や長上に対するときにのみ、特に失礼でないように気をつけさせれば足りると思われる。敬語や丁寧語が使えない子どもでも、それが失礼に当たりさえしなければ、それは子どもらしいある種の素朴さの表現の仕方でもあるわけである。相手に十分なる敬意を持って接することの大切さをきちんと理解させることこそ肝腎であって、それにふさわしい言葉の形が使いこなせなくとも、それは急ぐには当たらない。

三　話の構成に関するもの

1　筋道立てて話せない

A　傾向と問題点

発言をしているうちに先に言ったことをもう一度繰り返したり、同じ趣旨のことを別の言い方で表したり、あるいは期待と目的、感想と判断とがごっちゃになってわかりにくい話になったりする子どもがいる。長々と話すが、長くなればなるほどいよいよわからなくなってしまい、しまいには発言者自身にも収拾がつかなくなってしまうということもある。

前の発言に対してどんな関係に立つ発言なのかがあいまいであり、堂々めぐり、ぐるぐる回りで一向に前進しないというような話し方をする子どもは、要するに話の筋道が立てられないのである。

このような発言は、本人のためにも何にもならないばかりでなく、聞く子どもたちにも何のプラスももたらさず、単に時間の無駄を作るだけということになりやすい。

B　指導の実際

まず、つとめて短く話させることである。ずばりと言いたいことだけを言わせるようにしむけるのがよい。全体を短く言うだけでなく、ひとつひとつの文そのものも短く区切らせるとよい。

「ぼくは、兵十にうたれてしまったゴンは死んでしまったと思うから、わかり合えてよかったという考えには反対です」という言い方よりも次の方がわかりやすい。

「わかり合えてよかったとは思えません。ゴンは死んでしまったからです。兵十は鉄砲でゴンを打ったのですから」

一文を長く話すくせを改めて、一文一文を短く完結させて話すように日頃から訓練することが大切である。しかし、このことはよほど教師が努力しないとむずかしい。子どもの中には「〜したからァ、〜してェ、〜のでェ、……」という具合に文を完結させないで際限もなく連続していくくせの子どもが意外に多いからである。

こういう子どもには文末の句点、「まる」を意識させるとよい。ひとつひとつの文をまるで区切らせるのである。区切りが短くなれば適切な接続詞を用いて文脈をつないでいくしかなくなる。明快な文章や話は、短い文を適切な接続詞でつないでいく場合に成り立つものである。「ぼくは、今の意見には反対で……」と言わせずに「ぼくは今の意見には反対です」と言い切らせ、「なぜかというと……」という具合に続けるように仕向けるとよい。

第二に、論理の進め方の典型を教えることが必要になる。結論、論旨、論点、というような中心部分の用語、理由、原因、根拠、論拠といった従属部分の用語、それらを組み立てていくための、頭括式、尾括式、双括式、散叙式、追歩式というような典型的な構成法なども高学年になれば一応は頭に入れさせる必要があろう。むろん、専門的にこれらの用語の概念を教えることは不要である。筋道立てて話せるための補助となる知識として与えられれば十分である。

第三に、事実と意見、主観と客観、疑問と批判、質問と主張などの違いをよく区別して発言させるように仕向けることが大切である。言いたいことと、言わねばならないこととの混同、期待や希望、それと主張との混同、想像と読みとりとの混同などが論理の筋をわかりにくくする場合がたくさんある。このような状態に適切な指導を加えることは、単に授業の効率を高めるのみならず、論理的思考力を身につけてやるうえでも非常に重要なことである。

第四に、教師の側の問いのあり方を改めることである。「ゴンギツネをどう思いますか」というような問いでは、判断、好嫌、感想、想像などが雑多に入りまじって答えられるのは当然である。「ゴンのどんなところが好きですか」「ゴンの一番大きい失敗は何でしょう」というような聞き方ならば答え方も整理されてくるであろう。また、「理由は」「根拠は」「証拠は」「あなたの意見は」というように問うている内容を明確にすることが大切である。

教師の側の問い自体が、狙いも、内容も、表現も曖昧であれば、それに基づいて進行する以後の話も筋道立たなくなってくるのは当然であろう。筋道立てて話せないということは、根本的には考えそのものが整理されていないということによって生ずる現象である。したがって、単に技術的な指導だけでは解決が図れないのは当たりまえである。日常的に話しかけている教師の言葉そのものが論理的であることがまず必要であり、日常的な思考活動そのものが論理的に育てられることと相俟って指導されるのでなければ指導の実は上がるまい。

2　だらだらとまとまりなく話す

ほとんど前項の「筋道立てて話す」ことと同様と考えてよいと思われるので、ここでは二つのことを付け加えるだけにとどめたい。

ひとつは、「詳しく話すことは決してわかりやすいことにはならない」という事実をきちんと教えることである。一般に、短い話より長い方が、あっさりした話より詳しい話の方がわかりやすいと考えられている。短くしか話せないよりも長く話せることの方がねうちがあるように考えられやすいが、それは誤りである。本当にわかりやすい話は整理されていて短く無駄がないものである。したがってつとめて短く話せという指導を強調する必要があるであろう。

次に、「詳しく述べるところと、あっさり述べるところとを区別させる」ということを指導するとよい。結論はあっさりと述べるべきである。結論部分がぐちゃぐちゃと長くなると何を言おうとしているのかわからなくなってしまう。結論が相手に伝わったうえでそれを裏づける根拠や理由を必要に応じて詳述することが適切な述べ方である。根拠や理由を述べるにしても「必要に応じて詳しく」というところが肝要である。相手の要求や期待に無関係な詳述は混乱と退屈を招くに過ぎない。そのほかの点については前項を参考として対処していけばよい。

3　型どおりにしか話せない

A　傾向と問題点

教室に「発言の仕方」「発表の仕方」ということでそれぞれのポイントが掲示されていることがよくある。たとえば、ある教室には次のようなものが掲示されている。

◎発表のしかた
1　ぼくは、~のことについて言います。
2　まず、~さんの~ということについてぼくはさんせい（はんたい）です。
3　そのわけは、~だからです。
4　ぼくの考えについて意見のある人は言ってください。（手をあげた人を指す）

子どもたちの発言は、ほぼこの筋に従ってなされるようにしつけられる。子どもたちが話し方のひとつのヒントとしてこのような型を使いこなせば申し分ないのだが、往々にしてこれに縛られ、これから離れられなくなることがある。そうなると、型としてはいかにも論理的に話が進んでいるようでいて、それに内容が密着せず、ちぐはぐな発言になってしまうことがある。

形式というものは、本来的にはある行為の軌跡である。必要に応じてとられた行動を後で冷静に分析したときに見えてくる姿が形式なのである。つまり、内容、目的は常に形式に先行し優先されなければならないはずである。子どもの発言の指導も、何よりもまず価値ある内容を、その内容を伝えるに最もふさわしい形で発言させるべきである。これを忘れて単に技術、技法としての発言形式のみを先行、優先させると、中身の乏しい、中身にそぐわないものになってしまうであろう。

B　指導の実際

発言しようとする内容そのものをわかりやすく整理させることが第一であり、それを人に伝えるときに、教室に掲示された形式が役に立つなら活用するというように指導した方がよい。型にはめて思想を整理させると、機械的、形式的になってしまう。

また、ある時期には発表形式をとにかく守らせるということがあってもよいが、適当なときにその形式をはずしてやることが必要である。形式を見ながら、形式によりかかって発言するようでは柔軟な思考や応用自在な発言が妨げられるであろう。この意味で、先にあげたような掲示も通年常掲というのではなく、時期を見てはずすような心がけがほしいものである。

なお、教室に掲示してある発表形式は、多様な発表順序の中の一例に過ぎないことを、教師も子どもも承知する必要がある。個性的な発言の仕方ができるということ自体が、重要な国語能力のひとつであるのだから。

4　短くしか話せない

A　傾向と問題点

話がいたずらに長くなるのも困るが、短すぎてわからないというのも困った傾向である。「違います」「賛成です」ということは言えても、なぜそうなのかと問われると「わかりません」としか答えられない子どもはどのクラスにもかなりの人数いるものである。言っていることが不十分であったり、飛躍があったり、たいへん抽象的であったりすることが多い。

具体的に考えをくだけない子どもは、たとえば「ゴンはえらい」とは言えても、「どうえらいのか」「なぜえらいのか」というような具体的レベルで問われると答えられないのである。抽象的で曖昧な言葉は言えるが、即物的、具体的な表現ができないのである。

また、思考を丹念に積み重ねていけない子どもは自分の考えをぽんと飛躍させてしまう。早合点する子、軽率な子どもなどの言葉はとかく舌足らずで、聞く人によくわからない。静かに反省させれば自分の発言、論理の飛躍に気づくかも知れないが、普通は自分のそのような思考の欠陥に気づいていないことが多い。

B　指導の実際

自分の言おうとしていることに対して、なぜ自分はそう考えるのかという根拠をノートに箇条書きで整理させてみるとよい。こうすることによって、冷静に自分の言おうとすることの構造を見つめることになる。いくつのことが言いたいのか、その理由はどういうことなのかを書き出させるのである。

一斉授業の中で特定の子どもだけにこういう作業をさせることには無理がある。しかし、こういう作業は、日常的になるべく頻繁にとり入れるようにすることが望ましい。授業の中で作業化をとり入れることは、とりも直さず授業を個別化することであり、机間巡視によって、個々の子どもの欠点に目を注ぐことが可能だからである。短くしか話せない子どもに具体的な発言をさせてしまってからあれこれ注文を出したところで、それは多くの場合後の祭りで指導効果に乏しい。それよりも頭の中の思考をノートに書かせることによって、論理の飛躍や抽象性を個別に指導する方がずっと効果がある。

なお加えて、箇条書きにしたものの個々について、それらが、言おうとしているテーマとどのような関係にあるのかということを指導するとよい。引例としての役割か、例証か、根拠か、付け加えか、強調か、反復かというようなことを位置づけさせるとよい。しかし、こういう判別自体が実はかなり高度の思考であるから、実状に応じて程度に合った個別の指導にくだくことが必要である。

四　話の内容に関するもの

1　わかりきった確かなことしか話せない

A　傾向と問題点

だれからも確実に文句が出ないようなわかりきったことを話す場合にだけしか発言しない子どもがいる。個性的な発言はほとんどせず、あえてその子に言ってもらわなくともよいようなときにしか手をあげないのでは面白みがない。授業も生き生きと盛り上がってはいかない。

こういう子どもは、大体において内気であり、できることなら発言などひとつもしないで済ませたいという気持ちが強い。だから、わかりきった簡単なことなら話せるが、ちょっとこみ入ったり、創造性を必要としたり、自分がぎりぎりと考えを詰めていかなくてはならないような場面からは意識的に身を避けようとするのである。

このように、このタイプは多分にその子の気質とがかかわりあって生ずるところに問題があるのである。気質と言ってしまうとやや矯正不能のような感じを受けやすいが、実はその子の物の考え方、社会への立ち向かい方、大袈裟に言えば人生観とのかかわりが強いのである。自分の気質に寄りかかっていくか、その気質を乗り越えて進もうとするかは本人の考え方次第である。消極的に身を処するか、積極的に対するかは、人生への立ち向かい方そのものである。こういう子どもには、気質や考え方にまで立ち入った指導を加えていかなければならないはずである。

B 指導の実際

次のようなことを、私たちは折りにふれてよく理解させることが大切である。

まず、授業や学級会における発言というものは、自分をよりよく高め伸ばすためにするものであり、決して人を導くとか、友だちを教えるとかというためになされるものではないということをよくよく分からせることが大切である。自分を高め、自分を伸ばすためには多少の恥を忍ぶことは当然である。恥に耐えても自分を伸ばし、高めることが必要だという積極的な意志を育てることが肝要である。

別の言い方をすれば、だれからも反論も批判もされないようなわかりきったことは、発言するまでもないということである。そんなわかりきったことを言ってみたところで、だれも何も言ってはくれないし、自分の成長にも何の役にも立たないのである。本当に発言すべきねうちというものは、正しいかどうかわからないあやふやな、しかし、どうもこうであるように思われるがどういうものだろうかという、不安と揺れの中に存在しているのである。そういうものこそ発言をして他の人々に吟味し検討してもらう価値があるのであり、そういう発言を重ねることによってこそ本人の考え方が成長していくものなのである。

しかし、このような根本的な考え方は案外忘れられている。よい発言によって認められよう、すぐれた発言によって喝采を得よう、鋭い発言によって相手をへこましてやろう、発言というものはそういうときにするものだ、したがって、自信のないときにはなるべく発言をしない方がよいのだ、というふうに考えられているのがむしろ一般である。こういう認識に支えられると、程度の低い発言、自信のない発言、誤った発言などを軽蔑してあざわらったりする教室になるのである。こういう雰囲気の学級では本当の意味でのよい話し合いは育ちようがない。

次に、話し合いも発言と同様に、素朴な考え方、低い考え方が全体の協力によってより高い所に導かれていくところにねうちがあるのであって、決してへこまし合いや勝負になってはならないものであることをクラスの子どもたちに周知徹底させる必要がある。これがわかったクラスでは、むしろ未熟で素朴な発言を大切に育てていく意識が生まれ、友だちの発言を小馬鹿にするようなことにはならない。発言をする子も、それを聞く子も態度が誠実になってくる。そういう中では、確実にわかったことしか言えないという子はなくなり、むしろ未熟故にこそ発言させてもらいたいというように意識が変えられてくるのである。

確実でわかりきったことしか話せない子どもの指導は決してやさしくはない。他人の発言を冷やかしたり馬鹿にしたりしてはいけないという指導を一方で徹底して進めながら、他方ではどんなに笑われ、冷やかされてもやはりそれに耐えて発言していこうとする強い意志の形成もまた強力に推し進められなければならない。言葉というものが、結局のところ人から発するものである以上、その主体としての人間そのもののあり方にかかわって指導がなされなければ本物の解決にはならないのは当然である。

2　自分の気持ちや感想が話せない

A　傾向と問題点

気持ちや感想というのは最も自由な個人の反応である。正しい答えがわかるとかわからないとかの問題ではないので、問題の難易にかかわらず、だれでもいつでも持つことのできるものである。実際、普通の人間で何も思いもしないし、感じもしないという人はいない。外から見れば無表情で無口な人であっても、それなりに感じていることがあり思っていることがあるものである。学級の中で、ほとんど口もきかない無表情な子どもは、教師から見ると一体何が面白いのだろうか、学校が楽しいのだろうかというような疑問が湧くのだが、家の人に聞いてみると学校が大好きで、少しぐらい体の調子が悪くても学校に出かけて行ってしまうというようなことを聞かされて驚くことがある。要するにどの子でもいろいろ感じ、考えてはいるのである。だから、自分の気持ちや感想が全く何もないというような子どもは存在しないのである。

問題は、それを話せるかどうか、表現できるかどうかということである。どの子も心の中ではいろいろに思い感じているのであるからそれをそのまま言わせればよいのだが、そうはいかないところに問題があるわけである。感想を書けという指示をしてもその書きぶりや内容がまことに貧しい子どもがいる。自分の気持ちを自由に話してごらんと言っても、「別にありません」というような答えしかしない子もいる。反対に、実に心憎いほどに豊かに自分の心のうちを表現できる子どももいる。また、豊かに自分の心のうちや感想を話せる子どもはクラスの友だちからも好感を持たれ、生活もまた楽しそうである。そのような子どもに育てるにはどのような手だてが考えられるであろうか。

B　指導の実際

まず、感想はだれでも持てるものであり、喜びにつけ悲しみにつけだれだって気持ちは揺れるものであり、その子もまた人並に豊かな気持ちを持ち、個性的な感想を本当は持っており、また持てるものだということを、教師自身が信じ、本人にもそうわからせることが大切である。あの子はもともと心が貧しく、無表情無感動で救いようがないなどと教師が決めこんでしまったら何も始まらない。また、そう思いこまれた子どもは大きな不幸である。そうではなく明るい希望と前向きの期待を持たせなければならない。それが自信を生み、これからの行動の支えとなるのである。

第二に、自分の気持ち、自分の感想を話すということは、それによって自分が裁かれ評価されることにもなるのだということをわからせたい。当たり障りのないこと、だれが言っても同じようなこと、もっぱら客観的なことばかりを話していれば自分の本当の姿は知られずに済む。自分の本当の姿を知られたくない者にとっては沈黙ほど安全なことはない。自分をさらけ出す方が気が楽な人と、自分をさらけ出さない方が気が楽な人と二通りあるが、自分の気持ちや感想が話せない子は後者に属する。このような子どもに対しては二つの指導が必要である。

ひとつは、学級や友だちに評価されてしまうという一種の脅迫観念を和らげることである。友だちのみんなは、お互いよく知り合い仲良くなるためにお互いの心の中を知りたがっているのであって、知ったことによってその人たちはどうこうとけちをつけようとしたりしているのではないということをよくわからせることである。

もうひとつは、そのようなお互いのあり方がわかったら、自分もまたそれに協力するために気楽に自分の気持ちや感想を、ありのままに話す必要があるということをわからせるのである。他人のことばかりを聞きたがって自分のことは一向に話さないというのでは、人間関係は望ましく育ってはいかないということをわからせることが必要である。

第三に、教師側の配慮を述べておきたい。このような子どもは一般的に内気で小心であるために進んで手をあげたりすることはまれなものである。しかし、先にも述べたように心の内側は人並に豊かに息づいているはずである。だから、このような子どもの心の中の動きを目ざとく見つけてやる配慮が必要になってくるのである。たとえば、授業中でも、特にこのような子どもの表情には目を注ぐようにしたい。「あれ?」「おや?」「そうだ、そうだ」「おかしいぞ」「ちょっと違うな」というような小さな心の動きは、授業中のちょっとした表情にも出るものである。これらはすべてその子固有の個性的な反応である。瞬時にして生まれ、瞬時にして消えてしまう、ほんのちょっとした表情による発言である。この機を逸することなくさっと指名する。そうすれば、どんなに小心な子どもでも二言三言は心の中の揺れを発言するものである。できるだけ、その発言を賞揚するように努めたい。ほめられることによってどんなに大きな自信を身につけるかわからないものである。こういうチャンスをさりげない形で多くしていくことによって自分の心のうちを次第に開いて話せるようになっていくであろう。なかなか心の中を開かない子どもが、あるうまい指導によって一気に心を開くようになるなどということはほとんど望めない。繊細な心配りを不断に注ぐ教師の愛が、こういう子どもには最も必要である。

五　場面に関するもの

1　授業になると話さない

A　傾向と問題点

遊び時間になると人一倍元気ではしゃぐくせに、授業時間になるととんと話をしなくなるという子どもが、どのクラスにも何人かはいるものである。遊び時間のように授業中にも活躍してくれたらとだれしも思うがそうはならない。なぜであろうか。

休み時間は心が解放されている。自由な雰囲気があふれている。授業はよくわからないが遊ぶことなら得意だ。そういう自信や喜びや自由やらが休み時間には保障されているのである。人はだれでも抑圧からはのがれたいし、自由ならば己れを解放できる。授業中には子どもにとってさまざまな制約やら抑圧やらがたくさんある。それらが口を噤ませるのである。これらは、言わば心理的要因である。

このほかに、問われていること自体の意味が本人にわからない場合にも答えようがない。また、問いの中身はわかってもその答えがわからなければやはり答えようがない。これらは教師の授業の組み方そのものの問題であって子どもの側の問題ではなくなってくる。子どもの反応を即座に見ぬいてむずかしいものはやさしく、どうしてもわからない子どもにはヒントを与えるなどして子どもの発言しやすい場を作ってやらなければならない。

B　指導の実際

恥ずかしいとか、不安だとかという子どもの心理をいたわりながらの指導についてまず述べよう。極端に言えば、そういう口を噤んだ状態を責め立てず、現在のありのままでいいのだという現状肯定の立場をまずとることがよい。授業で大切なことは発言することではない。授業の内容を的確に理解して身につけることこそが大切なのである。べらべらと喋るよりは先生や友だちの話にじっと聞き入り、自分の中にさまざまな知識をとり入れていくことの方がより重要である。発言をするに越したことはないが、発言しなければいけないというものではない。

まずは子どものこういう現状肯定に立って発言を強要しないようにしたい。その代わりに、子どもの心の中にあるさまざまな動きを別の手段によって把握し、授業の中にとり上げていくのである。たとえば、表情、ノート、その他の行動を契機として心の中を察知するのである。筆者はこれらのすべてを発言と見なして、表情発言、ノート発言、行動発言などと呼んでいる。

音に出して話すだけが発言ではない。逆説的に言えば沈黙すら発言である。「ちっとも面白くない」「さっぱりわからない」と心で思っているとき人は沈黙する。沈黙という行動からも何ものかを読みとれる教師でなければならない。むろん、沈黙していても心の中が手にとるようにわかるという魔術を身につけよというのではない。沈黙という行動にもそれなりに意味があるのであり、その意味を探ろうとする構えが教師に必要だということなのである。

話すことは苦手だが、詩や作文には長じているという子どももいる。そういう子どもは詩や作文の形で発言する方が適しているのである。これは良い悪いの問題ではなくタイプの問題なのである。タイプに合わせてひとりひとりを見つめるということは大切なことである。詩や作文、つまり書くことに長じている子は書かせることによって発言させればよいのであって、無理に挙手させ喋らせるには及ばない。

このように、それぞれの子どものあるがままの姿から、その子の発言を読みとっていくように心がけるのが子どもの心理をいたわって指導を進める第一の方法である。

もうひとつの方法は、授業中の緊張をできるだけ取り除いてやることである。教師の授業態度もさりげなく、楽しいものにするのはむろんのこと、子どもたちひとりひとりがリラックスして授業に臨めるように配慮し、休み時間と同じような気持ちで授業が受けられるようにしてやることである。これは必ずしも子どもたちにおもねることでもないし、授業として邪道でもない。授業における楽しさということはいつでも大切な条件だからである。

教師によってこうも違うものかと思うほど授業には楽しいものと楽しくないもの、伸び伸びとしたものと固苦しいものとがある。あるクラスではどの子も気軽に発言し、笑いが絶えず、それでいてきちんとおさえどころの効いた授業がなされているかと思うと、別のクラスでは黙りこくって固苦しく、その上冷ややかな空気さえ漂っている教室もある。ある教師は発言力のある子どもさえも黙らせ、またある教師は小心で無口な子どもまで明るく発言させることができる。この辺は、教師が謙虚に自分を振り返り、子どもの心を抑圧してはいないかどうかを考えてみなければならないところであろう。

これまでに述べたことは主として子どもをそのまま肯定した指導法であるが、それだけでは不十分である。言いやすい雰囲気だから言う、気楽な先生だから言えるというだけでは本物の発言力とは言えない。辛くても、言いにくくても、言うべき時には言わねばならないし、言うべきことは言わなければならない。そういう確固たる意志に裏づけられた言語人格を形成してやることが、本当の意味での話し方の教育なのである。

そもそも学校という存在そのものが子どもの恣意的なものではない。好むと好まざるとにかかわらず子どもは学校に来て教育を受けなければならないのである。楽しくてもつまらなくても授業は受けなければならない。つまり、小学生、中学生という存在そのものがすでに自由気儘ではなく、ある強制によって自らを律し、行動しなければならない立場なのである。休み時間は楽しいから大声で喋りまくり、授業中はつまらないから黙っているという考え方、心構えでよいはずはない。それらは教育によってこそ是正されなければならない。そうすることが教育なのである。

子ども心にも、右のような理屈はわからせなければならない。また、子どもなりにわかるものなのである。自らの易きに流れる心に鞭打って、自らをより高いところに引き上げていく真面目さを育てることが忘れられてはならないであろう。即座にそうなれというのではない。そうでなければならぬとして目指し努めていくところに、遅々とはしていても確実な進歩が約束されるのである。

2　学校または家庭では話さない

A　傾向と問題点

この種の場面選びがたいへん顕著な子どもがある。「借りてきた猫のようだ」という言葉があるがまったくそのとおりで、学校では元気潑剌とした子どもが家庭訪問などをしてみると全く別人のようにしょんぼりと黙りこくっている場合がある。その日だけのことかと思って尋ねると毎日のことだというようなことを聞かされて驚いてしまう。こういうことを経験している読者も多いことと思う。

学校では話さないという子どもについては前項で述べたことと重なる点が多いので、ここでは家庭で話さない子どもに対象を絞って述べていくことにする。

家庭で話さない子の多くは、その子どもよりも家庭そのものに問題があることが多い。したがって、子どもを直すよりは家庭を直さなければならないのだが、それはたいへん立ち入った行動で、悪くすれば出過ぎた干渉と解され人間関係を悪化させてしまう。さりとてそのままにしておいたのでは子どもの人格形成、言語能力形成のうえにマイナスになるばかりである。実際子どもの言語能力形成の場として最も大きくかかわるのが家庭であり、家庭は通常子どもが最も能弁になる唯一の場である。言語習練の最適の場が閉ざされている状態を見過ごしておくわけにはいかない。

B 指導の実際

まず、客観的な要因を把握すべきである。一般にそういう家庭には次のような歪みが見られるようである。

ア 夫婦仲が悪い。
イ 家族の中に支配と服従の関係が強くある。
ウ 親子の折合いが悪い。
エ 子どもの人格を認めていない。
オ 子どもの自由を奪い、親の言うなりに子どもを支配しようとする。
カ 重大な家庭内の悩みがあって、家庭が冷えている。
キ 子どもに対して全くの放任であり、子どものことに関心が向いていない。
ク 留守勝ちで、子どもがいつもひとりでおかれていることが多い。

黙っていることの要因がほぼ見当づけられたからと言って教師がそれを直ちに解消できるわけではない。そういうことを承知して子どもを見つめることが大切なのである。PTAや個人面接などを利用して、あるいは特に面談の機会を設けて子どもの話し方についての話し合いをするとよい。そして、家庭というものが子どもにとってどんなに大切な言語習練の場であるかということ、できるだけ子どもの話を聞いてやることの大切さなどを話して協力してもらうようにするとよい。あくまでも子どもの立場に立って物を言うようにし、立ち入り過ぎぬように気をつけるとともに、気長に前進を待つように心がけることが肝要である。

次に、子どもそのものに対して教師が直接に指導を加えるポイントを述べておこう。

第一に、家族と話し合わなければできないような宿題をなるべく出すようにするとよい。たとえば「戦争の終わった頃の家の暮し方」とか「お母さんが小学校に入学する頃の交通の様子」などを聞いてこさせるようにする。あるいは、学校で一番おもしろかったことを必ず夕食のときに家の人に話し、その感想を聞いてこさせるとかというようなことも考えられる。

第二に、返事の必要な伝言を頼むことを頻繁にするとよい。たとえば、ＰＴＡに出席できるかとか、欠席の場合はその理由を聞かせるとかというようにするのである。

第三に、なるべく学校の様子を家の人に話して聞かせるように仕向けることである。むろん、この裏づけとしてあらかじめ家の人には上手な聞き手になってくれるように頼んでおくことを忘れてはならない。上手な聞き手というのは、よくうなずくこと、楽しんで聞くこと、なるべくほめたり励ましたりする言葉をかけ、子どもの努力をねぎらうようにする人のことである。

少しの努力でも、それが教師にも家庭の人にも大きく評価され、励まされれば子どもは徐々に話すことに興味を持っていく。それをあたたかく見守ってやる中で、少しずつ子どもも自信を育てていくことになるのである。

3 特定の人としか話さない

A 傾向と問題点

特に仲のよい友だちとか、気に入った仲間、あるいは家族というような特定の人となら楽しく談笑するのに、そうでない人とは話をしないというような子どもがいる。こういう子どもは性格に偏りがあり、わがままできつい心を持っていることが多い。そういう傾向をそのままにしておくことは次のような点を助長することになって望ましくない。

まず、敵を作りやすいという点が問題である。えこひいきされ無視されるということを好む人はいない。あからさまに話の相手からはずされればだれだってよい気分にはならない。そういう気持ちがおいおいに敵対感情を育てることになりやすいのである。話す側にそのような気持ちはなくとも相手の心の中にいつのまにか敵対感情を育てていき、人間関係をそこなうことにもなりやすい。

相手がそのような気持ちでいれば、その思いはこちらに自然に伝わってくる。どうせ話などする気のない人だから何と思われたってかまわないという開き直った形にもなりやすい。これでは、他人を無視する感情を育てることになる。悪くすればそんなことからいよいよかたくなな荒んだ気持ちすら育ちかねないのである。

また、立場の同じ人、気心の知れた人、内輪の人とだけしか話せないというのでは、その他の人とは話さないということである。しかし、言葉というもの、話というものは、もともと、未知の人、知り合わない人、わかり合えない人などのお互いの心を結びつけるものなのであり、そういう本来的な機能を発揮させ得ないのではたいへんもったいないことである。このことは、本人の円満な言語人格を育てるうえから見てもまことに望ましくない問題である。そのまま放置するのではなく、しかるべき指導によって円満な言語人格を育て、だれとでも楽しく語り合えるように仕向けたいものである。

B　指導の実際

閉ざされたかたくなでわがままな心を徐々に和らげ開いてゆくように配慮してやることが必要である。たとえば、教室の座席について工夫をしてみよう。気持ちのやさしい、心の平らな明るい性格の子どもと並ばせるとよい。さりげない日常の会話から、きつい心が徐々に和らいでくる。また、前後の座席も配慮してみることがよい。席の近くの仲間とはどうしても話をしなければならない。話を交わすたびに笑いが生まれるような楽しいグループの中に属させておけば自然に心が開かれてゆく。

このような場合、席の近くの一、二の子どもには、あらかじめそのような座席配置の意図をそっと話しておくとよい。いつでも心を和らげていくように心を配れと話しておけば、そのつもりで触れ合うので、少しぐらいのことではトラブルを起こさなくなるであろう。

授業中もつとめてグループで話し合う機会を多くとり入れるようにし、自然にいろいろな子どもと話し合わなければならないような場面を設定してやるとよい。このような仕組まれた場面の中で話を交わすうちに自然に和やかな人間関係が生まれ、友だちの輪が広がることは十分に考えられる。

学級会活動などで特定の役付きにすることも有効である。どうしても多くの人に協力してもらわなければ困るような場面をあえて経験させるのである。多くの意見を聞き、それをまとめなければならないような立場に立たせるのである。この場合、すでにある種の疎外を受けているであろうこの種の子どもを役付きにすること自体が、クラスの子どもからは歓迎されないという事態も生ずるであろうが、その点については教師がきちんと意図をクラスの子どもに話して納得させることが必要である。「ある役につくということは、新しい勉強をすることである。だれだって初めはうまくできないし、協力する側もうまくはいかないだろう。しかし、そこをお互いに理解し合って新しい結びつき、新しい組織を育てあげていくところに大きな意味があるのだ。山田君もそのつもりでがんばってほしいし、みんなもそのつもりで山田君に協力してほしい」というようにでも話せば納得をしない子はいないはずである。

また、特定の子としか話さない子ども本人に、いろいろな人と話をすることが円満な人がらを作りあげていくうえに重要であるということを教えることも大切である。本人の自覚があるかないかということは、その子の進歩にとってかなり重要なのである。自覚に基づいて目標が生まれ、本人がそれを目指して進むならば他人の指導などよりずっと大きな進歩が約束されるはずである。

学級経営のあり方を吟味し検討することも大切である。こういうかたくなな子どもが生まれないような健康な学級づくりを心がけたいものである。

六　話し合いに関するもの

1　すぐ感情的になり、攻撃的になる

A　傾向と問題点

自分と異なる意見が出されるとすぐに怒り出してしまうという子どもをよく見かける。中学、高校と進むにつれてだんだん是正されていくので、その意味ではあまり心配にはならないのだか、やはり当座はそれによって学級の雰囲

気が悪くなったり、うまくまとまる話もまとまらなくなってしまったりするので放置しておくわけにはいかない。

いちばん困るのは、本人だけが感情的になっていたのに、いつの間にかクラスそのものがそれに巻きこまれてしまうことである。クラス全体がとげとげしい話し合いになってしまうのではやりきれない。また、教室内での話し合いが、悪くすると教室外にまで持ち越されて口論になったり争いになったりする場合もある。また、そういうつもりで発言したのではない子どもまでが、まともに攻撃の対象となったりすることにもなる。そうすると、気の小さい子の場合は話し合いをこわがって二度と発言しなくなるということさえ生じ得る。

すぐに攻撃的になる子どもは多分に気質的なものに原因がある。かっとしやすいとか、冷静に物事を見つめられない子どもに多い傾向である。また、家庭の中の言葉づかいが荒々しいとついつい子どもがそういう話し方を身につけて教室に持ち込むことにもなるのである。こういう場合には家庭との連絡を密にすることも配慮しなければならない。

B　指導の実際

親しみをこめて話す、親しみをこめて聞くというあたたかで静かな話し合いのあり方を訓《さと》してやることが大切である。このような大切な話は、「もっと静かに話しなさい」とか「相手に失礼にならないように話しなさい」などと授業中に気づいたときに言っても、なかなか効果は上がらないものである。本人はそれでよいと思っているし、すでにもう感情的になってしまっているので、教師の言葉にさえ攻撃的な眼を向けることにもなりかねない。授業中などのつい、つい、での指導ではなく、もっと時間の余裕のあるときに、じっくりとその子だけのために念の入った心のこもった話をしてやることが必要である。そのようにしてさえ、早速よくなるというわけではない。気質に根ざす行動というものは一朝一夕で変えられるものではないからである。気長に見守るというゆとりの中で徐々に変えられていくものだかららである。

また、他人の意見のおかげで自分が成長していくのであり、自分の意見を押しつけているうちは自分が高まるチャンスを捨てているようなものだということも話してやりたい。自分の考えを高めるには、他の人の考えを進んでとり入れ教わる態度が大切なのである。よりよい自分の考えの形成のためには、謙虚な心を持って他の意見に耳を傾けることが大切なのである。このような、話し合いの根本的なあり方を幼いころから心の中に植えつけていくことが非常に重要である。

先にも述べたように、こういう子どもは直ちによくなるわけにはいかないが、少しでも本人の努力が感じられたら心をこめてほめてやりたい。よくなろうとする心を持つことが何よりも大切であり、それは、その子本人にとってはそれまでの自己に逆らって自己を改革していこうとするかなり勇気と反省の要る行動だからである。ほめられ励まされるうちに心も和らいで、次第に謙虚に人の話に耳を傾けるようになっていくことであろう。こういう子どもは、毒を以って毒を制する式の、硬派な叱り方では決してよくなってはいかない。

2 反対やあらさがしをしたがる

A 傾向と問題点

その子を指名するとどうも授業や話し合いの進行がうまくいかなくなるという子どもがよくある。他の人の発言のちょっとしたことにけちをつけたり、揚げ足とりをしたりする。その子に話を持っていくとしばしば話はあらぬ方向に進んでしまう。本人が興味本位でからかい半分なら、一度ぴしりと指導すればそれで解決してしまい、二度とそういうことは起こらない。けれども、そうではなく本人がそういうあらさがしの癖があることに気づかず大真面目である場合には厄介である。自分としてはまともな、大切な発言をしているつもりだが、周囲にとってはそれがいつもピントはずれであるという場合に困るのである。

B　指導の実際

その子のその発言が、これからの話の進行に対してどのようにプラスに役立つのかを本人に考えさせる。あるいはそういうことを教師の方から問うてみる。このような子どもは話の大筋を理解しようとせず、ごく部分的に気に入らなかったりわからなかったりするところがあるとすぐに発言をしたがる傾向がある。思いつきであったり嫌がらせであったりする場合もある。そういうときには先のような教師の問いには答えられない。答えられないということは、話の全体の進行をよりよくしようという姿勢を欠いている証拠であり、単なる本人の思いつき発言であるということになる。まずそういう事実、傾向に気づかせることが肝要である。自分の発言には、あまり積極的、建設的な意味がないということに気づかせるのである。

同時に、話の大きな筋がどのような方向をたどっているのかをつかませる指導を強力に進める必要がある。けちをつけたり、あらさがしをしたりするというのは、要するに話の大きな方向がつかめず部分的に強く反応する現象であるから、全体的に話が今どのように進行しているのかということに関心を向けさせることがきわめて重要なのである。時々教師が話の流れを解説してやることも必要である。

また、教師の側の注意としては、そのような枝葉末節の発言に大きな話の進行を妨げられたり歪められたりしないようにしなければならない。下らない発言は無視して一向にさしつかえない。価値のある発言も、価値の乏しい発言も同じに扱うのは決してよいことではない。価値ある発言を巧みに組織してこそすばらしい話し合いが進行するのであり、いつもそのような流れを作ることが実は子どもに価値ある話し合いの何たるかを教えることにもなるのである。このことは、いわゆる落ちこぼれを作ってもよいということとは本質的に異なっている。落ちこぼしは、理解できずに苦しんでいる子を見捨てることであるが、先の例ではけちつけ、あらさがし、反対好きの発言を切り捨てて話を正道に返していくことだからである。

七　その他の問題行動

1　話し方が早すぎたり遅すぎたりする

A　傾向と問題点

早口の子どもは一般にせっかちであり、頭の中を整理しないで話す傾向がある。内容が整理されていないので話し方に無駄が多く結果として多弁になる。それを一定の時間の中で喋ろうとするから早口になるということである。

早口は聞きとりにくく、わかりにくい。聞き手の立場をあまり考えず自分ばかりが勝手に喋ることの好きな人に多い。聞く側にとっては一方的に次々に話を送りこまれる形になって迷惑でもある。

反対に、話し方が遅すぎて、聞く側がいらいらしてしまうこともある。自分に与えられた時間、全体の迷惑にならない時間というものが常識的にはあるのにそういうことには頓着しない子である。結果としてこういう子どもは、とかく教師の指名圏からはずされ、とかく話す訓練を少なくさせられてしまう。

能力そのものが低くて早く話せない場合には、それを早くすることはむずかしいが、話し方の技術上の癖、あるいは傾向である場合には指導によってかなり矯正することが可能である。

B　指導の実際

早すぎる話し方にせよ、遅すぎる話し方にせよ、それぞれの傾向を自覚させることが大切である。自分の話し方にはこういう望ましくない傾向があるということをきちんとわからせたうえで、それを直していこうという意識を持たせたい。自分の話し方に対して意識的な注意を払うということはたいへん効果的である。話し方についてはとかく反省も注意もせず、無意識無造作で、自分の欠陥にも気づいていないことが多いのである。

このような指導のうえに立って、早弁の子どもにはなるべく短い言葉で話を切り上げられるように努めさせるとよい。そのためにはメモさせることもよいし、指を折りながら話させることもよい。また、時にはテープに話し方を二、三分録音して、それを聞かせながら文字に書かせてみるのもよい。早弁の子どもには、重複、反復、不要の語などがいたずらに多く、本当に必要な発言はまことに少ないのが通例である。気をつけて話させれば、その子の普通の話し方の三分の一ぐらいの時間や量に縮められることも稀ではない。

話し方の遅い子の指導は性急にはできないが、話す準備をよくさせることがよい。話しながら、話す内容を整理するということになるとたいへんに時間がかかり、とかく遅すぎる話し方になってしまう。このような子どもにはノート作業をさせ、机間巡視によってその子の話す内容をまず教師が把握し、さらに発表の仕方について一言助言したうえで指名するとよい。こうすれば、適切な速さで要領よく発言することができる。うまく発言できたらうんとほめて励ましてやることが自信を持たせるポイントである。

話し方の遅速という問題は、単に技術上の問題だけではなく、性格や能力と深いかかわりを持っていることが多い。したがって功を急いで無理強いしたりせず、長い目で子どもをあたたかく見守るような心がけが大切である。

2　いつも目をそらして話す

A　傾向と問題点

相手から目をそらして話すのはよいことではない。叱られるとき、詫びるとき、言いわけをするとき、つまり何らかの不健康な心の状態のときに人は相手を正視できない。相手から目をそらして話すということは、相手の視線をまともに受けないということでもある。相手が真剣に正対して話そうとするとき、こちらが目をそらすのは失礼にあたることにもなる。相手の真剣さに応えないことになるからである。

正対して話すということは視線だけの問題ではなく、実は体全体の姿勢の問題である。顔は下を向いているのに視線だけを相手に向けるのは「上目づかい」といってたいへん失礼とされている。健康な心の持主、公明正大で伸び伸びとした人の姿勢、態度というものはいつもゆったりとしており、正対してしかも相手に好感を与えるものである。

正対して話せず、いつも目をそらしている人は卑屈な感じがする。こせこせして見える。いつもそういう姿勢で人と対していると、いつの間にか身も心も本当に卑屈になってしまう。考え方も陰気になり、人と対しても相手にうとまれる。明るい人間関係が育ちにくく孤立しがちになる。

B　指導の実際

なるべく学年の低いうちに指導するのがよい。年齢が低い内なら傾向が固定していないし、指導や励ましを素直に受け入れることができる。学年が進むにつれて傾向は硬化し矯正が困難になる。大人になってはほとんど外からの指導矯正は不可能である。自分が自分の欠点に気づいてそれを改めようとすれば大人でも直るが、本人以外に気づいた人がいてもそれを指摘してくれることはほとんど望めないからである。

小学生の指導で大切なことは、こういう子どもと話す場合につとめて楽しく面白い話題を選ぶようにすることである。授業の場面を思い出しても、授業の始めから終わりまで下を向いている子はいない。楽しいとき、笑うとき、おおかたの子どもは顔を上げる。楽しいときには上を向き、悲しいときには下を向くのである。心の中に楽しいことが生まれれば、姿勢は自ずと上を向く。楽しい話題であれば子どもの顔は生き生きと輝いて話者と正対する。正対して楽しい話し合いに興ずることになる。こういうチャンスを意識的に多くしてやれば子どもは自然に相手と正対して話すことに慣れてくるものである。

また、礼儀としての指導も忘れてはいけない。相手と向かい合ってお互いに表情を確かめながら受け答えするのが健全な作法であり、下を見ながら話したり、よそ見をしながら話したりするのは相手に失礼になるのだということもわからせるようにしたい。形と、そこにこめられる思いの両面の指導を合わせて行うことが大切である。

3　無口で進んで話そうとしない

A　傾向と問題点

こういう子どもは一般に内向的で心の中を外へ表現することを好まない。そのために、陰気で孤立的な感じを受けやすいのだが、それに関しては警戒が必要である。無口というのは外面に表れる現象であり、それが必ずしも心の中の無表情を意味するものではないからである。こういう無口な子どもの中にも意外に情操豊かな子がいるものである。作文や詩を書かせてみると心の中の豊かな活動がみずみずしく表現されることがあって驚くことがある。

逆に、発言などは達者であるが、作文や詩を書くとなると意外に貧しいものしか生めないという子どももある。一体、どちらが本当は心が豊かなのであろうか。いずれにせよ、無口だという子どもを直ちに孤立的、陰気、無表情ととらえることは的を射たことではない。もっと、その子の内面に注目して把握する姿勢が大切である。

しかし、無口で自分から進んで話そうとしない子が多少なりとも進んで明るく話せるようになるのに越したことはない。指導によってそのように育てていくことはむろん大切であり、またそのように努めるべきである。

B 指導の実際

つとめてこちらから気楽な楽しい話題で話しかけてやるチャンスを多くしたい。そのとき、はいとかいいえとかだけでは答えられないように話しかける方がよい。「お父さんはお元気?」と聞いたのでは「はい」と答えて話が止まってしまう。「お父さんは何時ごろ休むの」「それまではどんなことをして過ごすの」「どんなことがお好きなの」というような尋ね方をすれば子どもは説明をせざるを得ない。子どもの答えを待って気楽なお喋りの場面を作りあげ、子どもをその輪の中に誘いこむようにすれば、徐々に子どもの心も開かれてお喋りをするようになる。話そうとすることの障害になるような緊張や強制をなるべく取り除いてやることとともに、自然に楽しく話せる場面に引きこむようにすることが大切である。

なお、神経症的な緘黙児については右のような努力の枠を超えた問題があり、専門の相談員なり専門機関なりの治療に委ねなければならない。

いずれにしてもこのように性格と深くかかわって生じている現象に対しては、短期間での奏功を期待せず、長い眼であたたかく見守る心が何よりも大切である。その意味では忍耐強い指導を心がけなければならない。また、無口といっても、ある年齢になればおおかたの場合は自然に程よい会話ができるようになるものである。小学生の頃にはたいへん無口だった子どもが中学・高校の頃になって普通に話せるように成長する例は決して珍しくない。それは必ずしも指導の成果だとは言い切れず、それなりの発達をしたのだと解釈するのがむしろ妥当であろう。発達に合わせた程よい指導こそが大切なのである。

4　むやみに発言したがる

A　傾向と問題点

どのクラスにも一人や二人こういう子どもがいるものである。教師に適切な指導力があればこのような子どもに授業がかき廻されるようなことはないのだが、そうではない場合が少なくない。授業中の全発言数の三分の一ぐらいを特定の子が占めるというようなこともある。こうなると授業が不健全になり、話す子と、話さない子がはっきり分かれてしまう。そのうえ話さない子どもは、特定一部の子どもに偏って進行する授業に飽き飽きして授業からはみ出し、無駄話、よそ見が多くなり、全体の学習参加度がぐんと下がってしまう。

一方、話したがる子は、手をあげれば先生が指名をしてくれるので授業に張り合いが出て、その発言の内容はともかくとしていよいよ喋りまくるということになりやすい。こうなると、授業の大筋や狙いはすっかり特定の子どもの手に奪われて全体としては何をやっているのかわからなくなるということにもなりかねない。

こういう子どもは、右のように授業を乱すことのほかに、その子の言語人格形成上からの問題も生むことになる。最も望ましくない点は、自己中心的で自分勝手、他人の立場や心の中を考えない子どもに育つという点である。自分の発言が、学級集団にどうプラスし、何を高めることになるか、今発言することが果たして必要か、それともここでは自分の発言を控えて人の意見に耳を傾ける方がよいのか、というようなことを考えて行動を起こすことは非常に大切である。思いつきでむやみに発言したがる子どもは往々にしてこういうことを忘れている。

また、思いつきで発言ばかりしている子どもは、ついに自分のまとまった考えを練り上げることができない。断片的な思いつきがばらばらにあるだけで、それらを組み立てることに不得手である。自分ひとりひとりでじっくりと考えることはできず、常に人とのやりとりの中でしか考えられない傾向が生まれる。したがってこのような子は一見にぎやかで活発に思考が働いていると誤解されやすいのだが、実は断片的な底の浅い考えしかなされていない。多くの場合読書は嫌いである。読書させようと図書館に連れて行っても、こういう子は図鑑をめくったり、雑誌のグラビアページを眺めたりして時間を浪費してしまうことが多いのである。

B 指導の実際

まず、教師の側からの指名を少なくすることからスタートしよう。できれば、指名を少なくすることの意図を子どもによく話すとよい。発言は数や量に値打ちがあるのではなく、その内容の正しさ、深さにあるのだから、むやみに発言しようとせず、つとめて友だちや先生の発言をよく聞いて自分の考えをふとらせることが大切である。よくよく自分で考えたうえでどうしても発言したいときには、もう一度自分の発言しようとすることを頭の中でまとめてみること、それから手をあげて発言を求めるようにすること。その方が結局は自分自身のためになるのだ、というようなことを適切な機会をとらえて話してやることが大切である。

このようなことを話してやっても、実際はなかなかその通りにはならず、そういう子はついつい元の状態に戻りがちで相変わらず人一倍挙手をするようになる。しかし、教師が助言をした場合としない場合、さらに自分がそう努めようとする場合としない場合とでは大いに差がある。ひとつのめあてを持たせ、それに向けて自らを律していこうという気構えを持たせることは、教育上非常に重要であり、かつ有効である。

教師が右のような意識も持たず、行き当たりばったりに、挙手をする子どもをそのまま指名していたのでは、思いつきで発言する子もよくならず、そのほかの子どもの迷惑も救えない。教師自身が確固たる指導観を持つことが大切なのである。

発言の仕方そのものの指導のほかに、読書指導や作文指導を並行していくことも大切な配慮である。その子の興味、学力、発達に見合う適切な本を紹介し、ひとつのことをじっくりとやりとげることのすばらしさを体験させるのである。言葉によって訓《さと》すことはむろん大切であるが「百聞は一見に如かず」の諺どおり、実際の体験によって学ばせることほど効果の大きいものはない。ひとつの作品を読みこなしたという自信、一冊の書物を読みあげたという喜びは、知らず知らずのうちにその子にじっくりと物を考えるすばらしさを体得させることになるのである。

同様の意味で、作文を書かせることにも大きな意味がある。思いつきでむやみに喋るようには作文は書けないものである。作文を書くには、どうしても自分の考えにあるまとまりを持たせなければならない。書いたものは読み直さなければならない。読み直してさえみれば、およそ自分の思ったとおりのことが書けているか否かは、それぞれの発達に応じて評価できるものである。このような音声を伴わない沈黙の思考は、むやみに発言する癖のある子どもにはよい修練になる。

日記を書かせては時折教師が目を通し、助言することも有効である。助言では、つとめて自信と励ましを与えるように「文章にまとまりが出てきた」「よくわかる文章になった」「考え方が深くなった」というような言葉を投げかけるようにしたい。このような日常的な教師の営みは、結局その子の音声発言外の発言を聞いてやっているということにもなるのである。

自分の考えていること、感じていることが教師によく受けとめられていると自覚することは、子どもにとって大きな安心である。このような安心は、思いつきのお喋りを慎しませることにも大いに役立つであろう。教師に何とか認められようという潜在意識がとかくむやみな発言になって表れることも少なくないからである。いろいろな場、いろいろな形で教師に認められているということがわかれば、むやみに発言して注意を引く必要もなくなってくるはずである。

このほかにも、話し方の問題点はいろいろと挙げることができるだろうが、それらのいちいちは、要するにこれまでに述べた一九のタイプのいずれかに近似したものであると言ってよい。一九のタイプのそれぞれの問題点や指導原理をよく理解すれば、さらに多様な実態に応用し得るはずである。

個々の教室に発生する事例はそれぞれ個性的であり、それらのいちいちの指導実践は、所詮学級担任の工夫と努力によって解決されなければならない。本稿が、その場合のヒントとして役立ってくれれば幸いである。

第七章　よりよい談話生活のために

話せない子・話さない子に的を絞ってその指導の心構えや方法について述べてきたが、それらのひとつひとつの営みというものは、要するによりよい談話生活の建設を目的としている。人々の間に、家々の間によりよい談話生活が築かれ、実践されることこそが、個々の子どもの指導の究極の目的でなければならない。

この章においては、談話生活の理想とはどのようなものであるかを考え、教室における個々の指導が単なる安易な技法指導に終わらず、真の意味での談話生活の向上に役立つものであらしめたい。

よりよい談話生活を築くためには、どのような言葉をわれわれは求めるべきなのであろうか。日常の言語生活や、そこで交わされている言葉をどのような視点からふり返ってみることが大切なのであろうか。以下にそのごく要点を述べておきたい。

一　真なる言葉を育てる

「真なる言葉」とは、「偽ならざる言葉」である。嘘やいつわりのない言葉である。「武士に二言はない」という、あの意味である。謡曲「羽衣」には天女が登場する。とられた羽衣を返してくれとの天女の懇願に哀れを催した白龍が、羽衣を返すときにふと疑いをさしはさむ。「いや此衣を返しなば、舞曲をなさで其のままに、天にや上がり給ふべき」と疑う白龍に対して答える天女の言葉は、「いや、疑いは人間にあり。天に偽りなきものを」というものである。つまり、天にはいつわりというものが存在しない、すべての言葉が真なる言葉をしか意味しないというのである。まことに味わい深い一語だと思うのである。

ひるがえって現実の世相を見るに、まことに真なる言葉は少なく、嘘やいつわりが横行している。誇大宣伝、誇大広告などがよく問題にされるけれども、それらは要するに真ならざる言葉である。あまりにこのような言葉が多いので、人々はいつの間にか広告には嘘があっても当然と思うようにさえなってしまった。これでは決してよりよい談話生活を築くことにはならない。この状態は、やはり許してはおけない事態なのであって、何としても正していかなければならない問題だという認識が必要であろう。

「真なる言葉」を育てるためには、「偽なる言葉を許さない」という強固な意志を持つことが必要であり、「偽なる言葉」を社会から追放する強い結束も必要である。しかし、社会全体の言語浄化というのは、実際問題としてはそうやすやすとできるものではない。

そこで、せめて教室の中、学校の中だけでも、私たちは「偽なる言葉」を撲滅するようにしていきたいものである。「童心神に通ず」という言葉のとおり、子どもは正直に、ありのままを言葉にする。むしろ気をつけなければならないのは教師の側である。「読書は心の肥料です。つとめて本を読みなさい」と語る教師自身が、まずこの言葉のとおり実行することが大切である。子どもには本を読ませて自分はテレビばかり見ているというのでは、身を以て偽なる言葉の手本を子どもに示していることになってしまう。

「教師は、自分の言っていることばを、自分の耳で聞けるようになれば一人前だ」とは、青木幹勇先生（元東京教育大附小）の名言である。自らの言葉を、自らの耳で確かめながら教育に当たる人は、真なる言葉の実践者であると言えよう。

そのように自らの言葉をふり返って正しつつ教育に当たるのが良心的な教育者である。真なる言葉を求めて師弟同行の心構えで進みたいものである。

二　善なる言葉を育てる

「善なる言葉」とは、「悪ならざる言葉」である。その言葉を耳にした者が、その言葉の善なる響きに心和らぐような、そういう言葉である。聞く者の心を喜ばしむる言葉が「善なる言葉」の謂である。

いたわりの言葉、励ましの言葉、慰めの言葉は、いずれも人の心を明るくほぐしてくれる。これらはみな「善なる言葉」である。このような言葉を交わし合う職場や家庭は、常に明るく和やかで楽しい。

憎しみの言葉、陰口、冷やかし、攻撃、侮辱の言葉は、それを耳にした者の心を硬化させ、表情を醜くさせる。こういう言葉を交わし合う集団、仲間は当然のことながら人間関係が歪み、心が荒み、果ては失望と孤独に陥ることになる。家庭の中にこういう言葉が無思慮に入りこんでくれば、家庭は冷えきって分裂する。

話し方の技術の巧拙など、これに比べればはるかに小さい問題である。その言葉を発する人の心が善良であり、聞く人の身をよく思いやり、善なる言葉を心がけるならば、話し方の技術は拙くとも人の心をあたたかく包みこむにちがいない。

言葉の習練によって技術は多少高まるであろうし、学ぶことによって語彙も豊かになるであろうが、それらの知識や技術が攻撃や誹謗に用いられるならば、結果としてよりよい言語生活は破壊されてしまうに違いない。

子どもを導く場合でもこのことを忘れてはならない。「善なる言葉」を交わし合うような言語人格を育てていくことが、よりよい談話生活を建設するうえにはすこぶる重要である。

そのためには、まず教師が自らの言葉を善なるものにしていく努力をしなければならない。教師の言葉は、子どもにとって、理屈を超えた手本である。自然のうちに子どもによって教師の言葉は学ばれている。それは、家庭において親の言葉が常に子どもによって学ばれていることと同じである。

三　美なる言葉を育てる

美しい言葉を育てたいものである。美しい言葉はそれを語る人の心を美しくし、それを聞く人の心をも綺麗にする。

美しい言葉という場合、形式の美しさと内容の美しさとの二面を合わせて考えなければならない。

形式的に美しい言葉は聞く人の心を清々しくさせる。明瞭な発音、正しい言葉づかい、歯切れのよい話し方、お互いを尊重し合った慎しみのある敬語、おくゆかしい人柄を感じさせる謙譲語、これらの言葉のいわゆる発音、発声、語形が正しく美しく表現されることはとてもよいことである。そういう言葉を育てていきたいものである。

形式的に醜い言葉というものもある。乱暴な言葉づかい、下品な言葉、投げやりで荒々しい物の言い方、切口上のような物の言い様などは、聞く人の心を荒々しくさせる。こういう言葉を育ててはいけない。

しかし、また言葉の美しさは単に形式のみによって決まるものではない。それを発する人の心、伝えようとする内容の美しさもまた問われなければならない。

共通語をきれいな発音で話せば必ず美しい言葉になるとは限らない。たどたどしい方言で話されてもまことに美しい言葉もある。中野重治、宮沢賢治などの詩や創作には、方言をふんだんにとり入れたまことに美しい数々がある。旅先でふと耳にしたふるさと訛りの言葉にえも言われぬ美しさを感ずることもある。

美しい言葉とは、美しい心から発した言葉の謂でもある。相手の身、相手の立場を思う心は美しい。そういう心から発する言葉は美しく上品である。

自分の利益、自分の立場ばかりを考える人の言葉は醜い。慢心、横暴、高慢、不遜の心から発する言葉はすべて醜く、聞くに耐えないものである。美しい言葉は、所詮美しい心からしか生まれないのかも知れない。

子どもの心に、子どもの生活に、美しい言葉を育みたい。美しい言葉の交わされる集いには上品なゆとりが生まれる。ぎすぎすしたとげとげしい言葉でなく、ゆったりとした言葉で話し合える子どもを育てていこう。自分の言葉が美しいかどうかを省みてみよう。美しい心から言葉を発しているかどうかをふり返ってみよう。そういう心づかいを日常的に持つこと、持ち合うことが、美しい言葉を職場や家庭や世の中に広げることになるのである。

四　聖なる言葉を尊ぶ

「聖なる言葉」とは、気高い言葉、崇高な言葉である。利得や名誉にかかずらわる凡俗の身には容易に生めない言葉である。利害や名誉を超越してはるかに高い心境に立った者がつぶやく言葉である。したがって、「聖なる言葉」を生もうなどとは思わなくていい。しかし、「聖なる言葉」に学ぼうとつとめることは、やがて「聖なる言葉」を身につけることにもなるのである。

経典の言葉、聖書の言葉、聖人君子の言葉は、みな「聖なる言葉」である。「聖なる言葉」は、時代や主義や主張や派閥を超えて常に新しく人々の心に訴えかけてくる。そういう言葉が何を意味し、われわれに何を語りかけようとしているのか、それらを謙虚に学ぼうとすることが大切である。

短い一語の中に、深い愛をこめている言葉、深い真理を宿している言葉、いわゆる名言、至言、箴言、格言などはみな「聖なる言葉」と言ってよいであろう。こういう言葉を常にいくつか念頭において生活することは、その人間の人生を豊かなものにする。子どもの発達段階に即した崇高なる言葉を与えることには大きな意味がある。

そのようにするためには、まず教師がこのような言葉について学んでいかなければならない。教える側にある者が「聖なる言葉」のひとつだに知らぬなら、それだけでもひとつの資格の欠落である。私の場合、子どもにも語り、子どもに語るその度に新たにまた自らの戒めともなるいくつかの「聖なる言葉」を胸に刻んでいる。

●進みつつある教師のみ人を教ふる権利あり。（ジェステルリッヒ）
●賢人から学ぶ愚者は少なく愚者から学ぶ賢人は多い。（ゲーテ）
●汝ら、よき行いを以ってその身の飾りとせよ。（聖書）
●神なき知育は智恵ある悪魔を作る。（ガリレオ）
●天国に入る門は狭く、亡びに入る門は広し。（聖書）

これらの言葉を、私はいく度子どもたちに話したことであろう。いく百度、自らの心に言い聞かせたことであろう。思うたびに、言うたびに勇気と希望が湧いてくる。

このような「聖なる言葉」を尊ぶ心を育てることが大切である。自らの力無さを悟り、大きなもの、無限なるもの、偉大なるもの、聖なるものの前に、敬虔に頭を垂れる心静かなひとときを持つことが大切である。そういう大きなもの、偉大なるものに支えられていると信ずるとき、定めなき人の心に大きな安定が生まれると先師は説いている。

よりよい談話生活を築くということは、目先の実用的な技巧を弄ぶということではない。根本的なものにまで目を向けて、広く深い立場から言語を見つめる心を育てなければならない。子どもの教育を真剣に考えれば、そのような教師の努力、精進は当然のことであろう。そういう教師の努力、精進、誠意というものこそが教師としての最も偉大な栄光であるところの「尊敬」と「敬慕」をもたらしてくれるのだと思うのである。

第八章　結びに代えて

話せない子・話さない子をどうとらえ、どう育てていくのか、というテーマのもとに長々とさまざまな提言をしてきた。予定した紙幅もなくなり、ここに稿を終えるときを迎えた。いくばくかの役に立ち得るのだろうかという不安と、ひとつのことを成しおおせた安堵とが交錯している。ここに至ってもはや新たに何かを述べようというつもりはないが、まとめに代えて二つのことだけを付け加えておこうと思う。それは、小稿を書き終えた筆者の感懐とでも言うべきものである。

一　相手あっての言葉

言葉にせよ、話にせよ、それらは所詮人と人とを結ぶものである。こちら側がいかに正しく誤りなく立派な言葉を話しても、それが相手にそのように受けとめられないのでは何の価値もない。親切と愛を傾けて話してもそれが相手に伝わらず、反感と侮蔑のみを買うという場合もなくはない。結果として相手に話者の意図が通じなければ伝達は不成功である。このことを釈迦は、「人を見て法を説け」と教えている。

相手の心理、立場、境遇をよく察知してそれにふさわしい話し方をしなければならない。相手かまわず、ただ自分の好みや判断で話すのは人間が未熟な証拠である。

このようなことを、右のように文章に書くことは簡単であるが、その実践実行ということになると決してやさしくはない。とかく、相手を忘れて、話者の一方的立場で話してしまいがちなのである。相手が一方的になることもあり、こちらがそうなることもあり、双方がそうなることもある。

いかなる相手に対しても、柔和な表情、平静な心、おだやかな言葉で話せるようになるには、それなりの修養が必要である。その修養の過程は長くかつ困難なものである。それに向かって歩き続ける努力なしには、本当によい談話者にはなれないのではないか。これは自戒をこめた私の今の思いである。

二　謙虚ということ

話す力を高めるという場合でも、話せない子を話せるようにするという場合でも、最も大切なことは、自分自身が謙虚になるということではないか。「学ぶ」ということが「向上」の絶対条件であるが、学ぶという行為は必然的に謙虚という態度を必要とする。自分の力の貧しさを知る者は、他者の前で素直に学ぶことができる。学ぶということが自らの力の貧しさを補うことだからである。

ゲーテは言っている。「賢人から学ぶ愚者は少なく、愚者から学ぶ賢人は多い」――と。賢人とゲーテが規定する本質は何か。それは、恐らく「謙虚」ということであろう。謙虚な人は愚者をさえ師として学び得るのである。高慢な愚者は、賢人からさえ学ぶことをしないのである。

学び続けることが自らを向上させる唯一つの道である。学び続けるということは、常に自ら謙虚になることである。

主張や提言にのみ急な人は、とかく謙虚な心を忘れて高慢になりやすい。主張や提言そのものは大切だが、それをするときでさえ「この主張や提言ははたして適切なものでしょうか」と人に尋ねる謙虚さを忘れてはならない。

謙虚に我が身をふり返る者は、あらゆる場で学んでいく。謙虚な心で話し合う者は敵を作らない。敵を作るのは、どこかに高慢な心が隠されているからである。よりよい談話生活を育てていくうえで、最も大切なことは、「謙虚な心」をお互いに持つことではないかと、自戒をこめて私は今しみじみと思っている。

三　聞き耳を立てている教師に

(1)　「聞き捨て」ずに「聞き咎め」る

已に述べてきたことからお分かり戴けるように「話し言葉」を育てるための最も効果的な指導は「即時性」にある、というのが私の基本的な主張である。

子どもが今発したその言葉の勢いや調子や意味や彩りが褪せないうちに、即座に望ましい指導をすることが最大のポイントになる。「後で」「改めて」などと考えていると、いつの間にか指導の機を逸してしまう。

中学の三年生頃のことであったろうか。私は友人の家で「敗軍の将兵を語らず」という諺を使ったことがある。うっすらとその意味するところの見当はついてはいたものの、正確な知識を欠いていた私は「敗軍の将兵を」と一気に言った。それを聞いていた友人の父君は即座に「それは、『敗軍の将、兵を語らず』と言うものだ」と私をたしなめた。私は、恥じ入りながらも正しい読み方を教えて戴いたことに感謝した。もう四十年もの昔になるのにその時の友人の家の縁側や、已に他界されたその父君の声の調子や表情までをも、私は今も鮮やかに思い出す。

私の言ったことを「聞き捨て」たり「聞き流し」たりせずに「聞き咎め」て下さったことを有難く思う。あの時教えて貰わなければ、私はあるいはそのままの誤認を今以て続けていたかも知れない。ありがたいことであった。

先日、友人が私の発言に対して「的を得ている」と評したので、「それは的を射る」と言うのだと伝えた。彼は、「成程！」と言って「気をつけよう」とつけ加えた。一瞬のチャンスを失うと後ではもう言えなくなる。言い難い気もするけれど、誤りの表現は「聞き咎め」た方がよいのだ。

(2) 身辺の「聞き捨て」られない言葉

話し言葉の環境として望ましくないのではないかとこだわってみると、気になる表現はいろいろとあるものである。これらのおかしさに気づく耳を育てるためにも、子どもたちにその事例と理由とを教師は伝えた方がよいと思う。

① いらっしゃいましたら——

校内放送で「二年生三組の山田先生。いらっしゃいましたら職員室においで下さい」などと言うことがよくある。「いらっしゃいましたら」が不要である。不要であることに気づき、それを省いて放送すべきである。いない者は来れるはずがないではないか。

② 用事のない人は帰りましょう

これも校内放送である。下校時刻を知らせるのによくこういう言い方をする。「下校時刻を過ぎました。用事のない人は帰りましょう」と言うことが多い。何らかの「用事」があるからこそ子どもは残っているのである。また、下校時刻になったら、その用事も止めて帰ることが望ましい。「下校時刻になりましたから、すみやかに帰りましょう」というような言い方が適切である。もっとも、こういう放送をすること自体がおかしいのであって、子どもたちはきちんとチャイムで下校すべきである。私のかかわった学校ではこのような間の抜けた放送をしたことはない。

③　雨が降ってきました――

外で遊んでいる子どもに対して「雨が降ってきました。外遊びを止めて校舎の中に入りましょう」などという放送を「親切に」する教師がある。雨が降ってきたことぐらいはどの子にもわかる。雨の状態を自分で判断し、校舎の中に入るという行動選択をさせるべきである。こんな放送を無神経に、そして親切にいつでも流していると、放送があるまでは雨の中でも遊んでいるという滑稽な指示待ちの子どもを育てることになってしまうだろう。

④　呼ばれたら大きな声で返事をして――

このように前置きをして子どもの名を呼ぶ教師は多いのだが、それを守らせる教師の数は実に少ない。「大きな声で返事」をしない子がいても平気で呼名を続けていくことが多い。これでは、「教師の言葉なんか無視してよい」と教えているようなものである。言葉を軽んじ、言葉に対して無責任な子どもを育てる結果になってしまう恐ろしさを教師のひとりひとりは自覚しなければならない。

⑤　静かにお話を聞きましょう――

これも同じようなことである。「静かに」と要求しておきながら、子どもがざわついていても平気で話し出す教師も意外に多い。本人自体が言葉を軽んじているのだから、そういう人の話は軽んじられても仕方があるまい。一言「静かに」と伝えたら、その言葉にふさわしい事実、状況を具現せしめたときにこそ初めて「言葉が大切にされた」ということになる。そういう律儀な言葉への対応、正対の態度を子どもの前にきちんとした形で示すことの重要性はいくら強調してもし過ぎることはない。

⑥　先生、習字の道具を忘れました

五年生になっても、六年生になってもこういう言い方をする子どもがいる。私のクラスにはひとりとしてこういう子はいなかった。私のクラスでは、「忘れたからどうしたのか」ということを報告させるようにしつけてあったからだ。

●習字の道具を忘れたので隣の山田君から借りてきました。
●集金を忘れましたので明日は必ずお届けします。すみません。
●少し体調が悪いので、水泳は見学にさせて下さい。

このように、ある事態に対して自分がどういうことをしたのか、しようとしているのかということを報告させるようにしつけてあるわけである。話し言葉を適切に使える力をつけるというのはこういうことだと私は考えている。

⑦　トイレに行ってきてもいいですか

こんな質問もよく耳にする。同じようなものに「給食を残してもいいですか」とか「教科書を借りに行ってもいいですか」などというものがある。教師に「許可」を得に来る型である。仮に教師が「駄目だ」と言ったらどうなるのであろうか。便所に行かせない。給食を無理に食べさせる。学習用具のないままを強いる。――これらはいずれも教師の「体罰」に類することになりかねまい。

これらは「許可」を受けるのではなく、「お願い」または「報告」をすべき筋のものである。「トイレに行かせて下さい」「給食を残します」「教科書を借りに行ってきます」という具合に言わせるのが望ましい。自らの判断で行動し、それを報告するのが、正しい言語行為者である。

(3) 「聞き耳を立てる」教室の言語環境を

妙な言い方、変な表現、適切を欠く言い方などにこだわれる健康な言語感覚を育む教室でありたい。教師の「聞き耳」が立っていないと言葉の乱れは止められない。「話し言葉が育つ教室環境」をどのように構成し、機能させ、実効を高めるかという問題は、結局は担任の「聞き耳」の立て方如何に帰する、というのが私の結びの言葉である。

あとがき

本書の初版は一九八一年ですから、それからもう十三年もの歳月が流れたことになります。本当に過ぎ去った日々は早いもので、ちょっと実感が湧かないのですが、改めて思えばその十三年の間に、私にとっては大きなできごとがいっぱいありました。

最も大きなできごとは、向山洋一先生の提唱になる教育技術の法則化運動が誕生し、私もこの運動に共に参画する機会を与えられたことです。ちょうど付属小の教諭時代を終えて教頭になり、授業との縁が薄くなりかけた時であっただけに、この一大教育運動が私にとってはこの上ない教室復帰への架け橋となったのでした。

全国の情熱あふれる若い教師の方々との新しい出合いは、私を若返らせ、叱咤し、そして励まし、勇気づけられました。私は存分に活躍する舞台を与えていただき、それまでには全く考えてもみなかった張りと希望のある日々を過ごすことになりました。もともと、国語だけが取り柄の私にとって、読んだり、書いたり、聞いたり、話したりという活動によって生ずる忙しさは、そのまま私の楽しみでもありました。向山先生とのご縁によって、それまではごく普通のつながり以上のものではなかった明治図書出版とのご縁が急に深いものになってきました。

常務取締役の江部満氏、取締役部長樋口雅子氏との直々の出合いもこの中から生まれ、今では月刊雑誌「教材開発」を有田和正先生と編集するかたわら、季刊誌「鍛える国語教室」をも主宰させていただくことにもなりました。また、拙いながらも私の実践の多くはまとまった本として公刊され、20冊余りの著書ともなり、身に余る著作集全20巻別巻3点も出していただきました。本書を細々と、出版させていただいた頃のことを思いますと、只々「夢のよう」な心地が致します。

改めて、この世の人々との「出合い」の不思議さを思わずにはいられません。信じられない程の多くの方々のご支援あっての私の現在だと感謝しております。全国、どこに行きましても「ああ、この近くには誰々がいる」といちいちの方々の表情までをも思い浮かべつつ懐かしめるまでに、多くのすぐれた先生方との知己を得ることもできました。それらは、多く著書や勉強会によって生まれたつながりであり、その大もとを探れば、向山先生や、江部さんや、樋口さんとのご縁に辿りつきます。現在の私が大変に恵まれた立場にあることを思うとき、改めて三方との出合いに深く感謝を捧げるものであります。

この十三年間、我が家にとってもいくつかの大きなできごとがありました。その日その日の目先の多忙に追い廻されているうちに、娘二人が結婚し、内孫二人にも恵まれ「おじいちゃん」ともっぱら呼ばれる日々となりました。初めてそう呼ばれたときの何とも言えないこそばゆさにも、いつの間にか馴れてしまってそう呼ばれる日々に安住できるようになったことは、「校長」という言葉についても当てはまります。

九年間という長い教頭生活は、他の方々からは多く同情される種ではありますが、校長になって初めて私は「校長の方が教頭よりも忙しい」ということを実感しています。私の著作の九割は教頭時代の所産であり、残る一割が教諭時代の刊行で、校長になってからの発行は僅かに一点です。

娘の結婚、孫の誕生、教頭職拝命、校長への転出に加えて、特に記さなければならないのは、旧屋の解体と新しい母屋の新築です。元の我が家は江戸期に建てられた平屋の60坪というだだっ広い家でした。何一つ贅沢な造作のない田家式のごくありきたりの家でしたが、住むにはまことに便利でありましたので、今度の家も三百年前の昔の家とほとんど同じ間取りに作りました。一家の主人としての私がさせていただいた、それは小さな大仕事でありました。

この十三年間を振り返り、思いつくままの身辺雑記を綴りました。本書のご愛読に感謝申し上げるとともに、皆様の実践がいよいよ充実して光を増す日々を祈りつつ、あとがきと致します。ありがとうございました。

一九九四年六月二十三日　新築の家にて

【著者紹介】

野口　芳宏（のぐち　よしひろ）

1958年千葉大学教育学部（国語科専攻）卒業，公立小教諭。千葉県の小学校教諭，教頭，校長，北海道教育大学教授（国語教育），同大学，麗澤大学各講師，植草学園大学教授を歴任。現在植草学園大学名誉教授，同フェロー。

〈所属学会等〉

日本教育技術学会（理事・名誉会長），日本言語技術教育学会（理事・副会長），日本教育再生機構（代表委員），（公財）モラロジー研究所（教育者講師），鍛える国語教室研究会，授業道場野口塾（各主宰）

〈主要著書〉

『野口芳宏著作集「鍛える国語教室」』全23巻，『野口芳宏第二著作集「国語修業・人間修業」』全15巻別巻1，『鍛える国語教室』シリーズ1～15（以上，いずれも明治図書），『ちゃんとができる子になる子どもの作法』（さくら社），『縦の教育，横の教育』（（公財）モラロジー研究所）他，編著・監修著書等多数

〈専門分野〉

国語教育，道徳教育，家庭教育，幼児教育

表紙写真提供：堀田敦士

名著復刻　話せない子・話さない子の指導

2017年7月初版第1刷刊　©著　者　野　口　芳　宏

発行者　藤　原　光　政

発行所　明治図書出版株式会社

http://www.meijitosho.co.jp

（企画）矢口郁雄（校正）大内奈々子

〒114-0023　東京都北区滝野川7-46-1

振替00160-5-151318　電話03（5907）6701

ご注文窓口　電話03（5907）6668

＊検印省略　組版所　共同印刷株式会社

Printed in Japan　ISBN978-4-18-138412-8

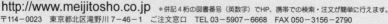